GUERRA NAS SOMBRAS

OS BASTIDORES DOS SERVIÇOS SECRETOS INTERNACIONAIS

Proibida a reprodução total ou parcial em qualquer mídia
sem a autorização escrita da editora.
Os infratores estão sujeitos às penas da lei.

A Editora não é responsável pelo conteúdo deste livro.
O Autor conhece os fatos narrados, pelos quais é responsável,
assim como se responsabiliza pelos juízos emitidos.

Consulte nosso catálogo completo e últimos lançamentos em **www.editoracontexto.com.br**.

GUERRA NAS SOMBRAS

OS BASTIDORES DOS SERVIÇOS SECRETOS INTERNACIONAIS

ANDRÉ LUÍS WOLOSZYN

Copyright © 2013 do Autor

Todos os direitos desta edição reservados à
Editora Contexto (Editora Pinsky Ltda.)

Capa
Gustavo S. Vilas Boas

Diagramação
Claudio Filizzola

Preparação de textos
Lilian Aquino

Revisão
Ana Paula Luccisano

Dados Internacionais de Catalogação na Publicação (CIP)
(Câmara Brasileira do Livro, SP, Brasil)

Woloszyn, André Luís
  Guerra nas sombras : os bastidores dos serviços secretos internacionais / André Luís Woloszyn. – São Paulo : Contexto, 2024.

  Bibliografia.
  ISBN 978-85-7244-805-5

  1. Espionagem 2. Informações confidenciais 3. Segredos de Estado 4. Serviço de inteligência 5. Serviço secreto I. Título.

13-06368   CDD-327.12

Angélica Ilacqua CRB-8/7057

Índice para catálogo sistemático:
1. Atividade de inteligência nas guerras e conflitos : Guerra secreta : Disputa de poder e influência globais : Política internacional 327.12

2024

Editora Contexto
Diretor editorial: *Jaime Pinsky*

Rua Dr. José Elias, 520 – Alto da Lapa
05083-030 – São Paulo – SP
PABX: (11) 3832 5838
contato@editoracontexto.com.br
www.editoracontexto.com.br

Sumário

Introdução 7

Um breve histórico 13
Inteligência nas guerras e conflitos 23
As agências de inteligência governamentais 45
A corrida armamentista: as armas de destruição em massa 63
Os segredos e as mentiras de Estado 73
Operações psicológicas, propaganda, desinformação
    e jornalismo investigativo 89
Crises, fracassos e transformações: a busca por novos inimigos 103
Os atores não estatais: guerrilheiros, extremistas,
    WikiLeaks e Anonymous 119
Tecnologia, novas ameaças e ciberespionagem 129
Perspectivas para a atividade de inteligência no século XXI 149

Bibliografia 157
O autor 159

Introdução

A atividade de busca por dados e informações e a interpretação de seu significado, o que se conhece hoje por inteligência, sempre desempenhou um papel preponderante na história da humanidade, principalmente na política internacional, em maior ou menor grau, conforme a época.

E atualmente, como em nenhum outro período da história, crescem e se multiplicam as agências governamentais em uma complexa rede internacional buscando ameaças veladas ou qualquer tipo de informação considerada sensível, num jogo estratégico de poder e influência globais. E é exatamente esse processo de identificação de ameaças, a busca por informações e dados, que pretende detectar intenções dissimuladas e que ocultem os mais diversos interesses, o que chamo de guerra secreta. Os países de regime democrático são os principais protagonistas e, ao mesmo tempo, os alvos, pois não se submetem a uma mera intervenção militar, como ocorre nos continentes africano, asiático e na região do Oriente Médio. Essa modalidade de guerra se desenvolve entre agências ou serviços secretos numa corrida para ver quem chega primeiro. Trata-se do mais complexo dos conflitos, pois ocorre nas sombras, nos bastidores do poder, identificando propagandas enganosas, desinformação, e celebrando acordos cujas partes sabem antecipadamente que nunca serão cumpridos. Muitas das informações levantadas por agentes secretos em ações de espionagem foram utilizadas em guerras ou mesmo serviram como o pivô central para desencadear tais conflitos.

Convivemos com a guerra secreta há muito tempo, embora de forma não perceptível, e, a cada ciclo histórico, com maior intensidade. Na Guerra Fria, marco histórico dessa guerra secreta, países como a URSS e os EUA fomentaram a espionagem em larga escala com objetivos militares, econômicos e tecnológicos, na tentativa de desestabilizar oponentes, conquistar e manter sua hegemonia política. O avanço das tecnologias espaciais e militares foi acompanhado de perto por uma guerra de milhares de espiões e bilhões de dólares gastos na tentativa de se obter acesso a qualquer fragmento possível de conhecimento nestes campos. Tudo isso para que os envolvidos desenvolvessem em primeira mão artefatos que lhes confeririam um *status* diferenciado na comunidade internacional e um poder militar respeitável que serviria também como propaganda.

Assim, esse período da chamada corrida armamentista ficou caracterizado como um jogo estratégico em que poucos agentes tiveram seus esforços operacionais reconhecidos pelos governos, e a

Introdução

maioria acabou perdendo a vida, além de outros tantos que foram presos ou desapareceram. Serguei Kostine, pesquisador e autor de obras biográficas sobre agentes de espionagem da Guerra Fria, diz que, de maneira geral, os melhores oficiais de inteligência, protagonistas de brilhantes operações, acabam no anonimato, pois a história lembra apenas o nome dos agentes queimados, presos ou que cometeram gafes imperdoáveis e que, por causa delas, acabaram virando personagens históricos, alguns, míticos. Em regimes totalitários, que ainda perduram em alguns países, a atividade é mais representativa no cotidiano dessas sociedades pois constitui um dos braços do poder, auxiliando na manutenção do regime.

Neste contexto é natural que a atividade de inteligência passe por constantes crises e se questione sua real participação no assessoramento estratégico das nações, especialmente pelos impactos negativos que seus fracassos podem ocasionar, como veremos adiante. Devemos considerar que seu objetivo principal é produzir conhecimento, o mais próximo da realidade, para o embasamento das decisões governamentais, e se essas informações forem usadas por governos para outros propósitos, não se deve atribuir exclusivamente a uma agência de inteligência a responsabilidade pelos fracassos ou o papel de bode expiatório da história. É muito difícil avaliar um órgão dessa natureza, pois, na imensa gama de dados e informações colhidos, um deles pode fazer a grande diferença.

Embora os métodos básicos da atividade de inteligência sejam sempre os mesmos, como técnicas operacionais de espionagem, vigilância, recrutamento, infiltração, coleta de dados e produção do conhecimento, observamos claramente, à medida que surgem novas demandas, um processo de evolução significativa em todo o sistema, o que o distancia cada vez mais de seu período áureo, na Segunda Guerra Mundial, acentuado durante a Guerra Fria. A cada conflito, as tecnologias são aperfeiçoadas para garantir maior eficiência à coleta de dados, com menores custos operacionais e redução de riscos, aumentando o grau de certeza sobre determinadas situações. Obviamente, esse fenômeno tem agora um novo componente, que se constitui em um dos maiores desafios para a atividade no século XXI. O surgimento de atores não estatais, grupos ou indivíduos ligados à pirataria digital com fins de espionagem sobre assuntos sensíveis tanto para a esfera governamental como para a privada, trabalhando em ações que anteriormente eram exclusivas das agências de inteligência e comprometendo a segurança destas na proteção das informações coletadas e, num amplo espectro, das próprias nações. A maior ameaça está no fato de que esses atores não governamentais têm potencial para desencadear ciberataques, ciberterrorismo e até ciberguerras, motivados pelos mais diferentes fatores ou sem nenhum motivo aparente.

As novas ameaças que estão surgindo, as constantes crises socioeconômicas de diversos países, o aparecimento de potências emergentes com influência no cenário internacional, os interesses estratégicos, a necessidade de fontes energéticas e outras questões que repercutem no desenvolvimento da sociedade mundial, tudo isso acaba por elevar ainda mais a importância da atividade de inteligência. E esse fenômeno é claramente perceptível, pois o desenvolvimento das agências existentes, em termos de pessoal e recursos financeiros, só tem aumentado, e também cresce a criação de outras tantas, voltadas à iniciativa privada, especializadas em analisar imensos volumes de dados e elaborar estimativas na tentativa de

Introdução

vislumbrar o que pode, potencialmente, tornar-se uma ameaça ou despertar algum interesse estratégico ou econômico.

No que se refere à política internacional, o contexto pouco se modificou e a guerra secreta continua acontecendo de forma cada vez mais acentuada entre os velhos protagonistas pela disputa de poder e influência globais. E crescem também os países que desejam participar desse jogo, sendo a China o maior exemplo. Nações que se comprometeram com a ONU, assinando tratados e convenções de não proliferação de armas químicas, biológicas e radiológicas, continuam desenvolvendo e aperfeiçoando esses arsenais secretamente. O mesmo acontece com a espionagem – ação condenada por todos –, que paulatinamente utiliza diferentes tipos de vírus cibernéticos, espiões cada vez mais eficientes em sua destinação. A diminuição dos arsenais de armas nucleares também segue essa mesma lógica. Não tendo um conhecimento preciso do que os outros possuem, pois certamente os dados são apresentados de forma dissimulada, nunca é possível saber de fato se essa redução das armas nucleares está ocorrendo, se isso está acontecendo com seriedade ou se se trata de um mero discurso para a opinião pública.

Em suma, o acesso e a obtenção da informação e seu controle foram e sempre serão sinônimos de poder, independentemente de sua finalidade, e isso em diversos setores governamentais e privados. Conhecer a situação do inimigo ou da concorrência é fundamental para estabelecer estratégias que permitam estar, no mínimo, um passo a frente do adversário – o que traz infinitas vantagens, especialmente nos campos militar, econômico e tecnológico.

Nesse sentido, os ensinamentos de Sun Tzu, considerado o maior estrategista militar da Antiguidade, no que se refere à atividade de inteligência, ainda são apreciados, apesar de muitos governos subestimarem esses conhecimentos por superdimensionarem seu poder e capacidade em relação com os demais. Num mundo cada vez mais competitivo e, consequentemente, mais vulnerável às ameaças, ter informação é imperativo.

Há personagens, no entanto, que revelam os segredos que deveriam ocultar. É o caso do ex-agente Edward Snowden, ex-técnico da CIA que trabalhou como consultor da Agência Nacional de Inteligência (NSA). Em 2013, ele vazou informações sobre o programa PRISM, um programa de espionagem americano que vigia telefonemas e mensagens eletrônicas de cidadãos dos EUA bem como de estrangeiros suspeitos de terrorismo.

É neste cenário que apresentarei questões complexas dessa guerra secreta, travada desde os primórdios da civilização, com uma análise evolutiva dos fatos e perspectivas futuras. Esse conflito faz parte até hoje de nossa sociedade e se intensifica cada vez mais, à medida que vão surgindo novas potências com intenções de participar ativamente do jogo de poder. O maior problema é que a guerra de bastidores influencia, muitas vezes de forma distorcida, a percepção do mundo e dos fenômenos que nos cercam.

Um breve histórico

A informação, no sentido de conhecimento e saber, provavelmente tem sua origem com o surgimento dos primeiros habitantes de nosso planeta, sendo primeiramente uma necessidade básica para a sobrevivência da própria espécie em um ambiente hostil, com grandes predadores e fenômenos climáticos adversos. A evolução da raça humana, entre outros aspectos, trouxe consigo o aperfeiçoamento da maneira como o homem encarava seus novos e crescentes desafios. O conhecimento de questões relativas às mudanças de clima, estações, localização de predadores e de animais para a caça, locais seguros para moradia, tipo de pedra e madeira para a fabricação de armas era essencial para a manutenção da espécie.

Para chegar a esses conhecimentos, foi necessário avaliar os dados disponíveis através do processo de observação e, neste mister, muitos sucumbiram. Assim, por milhões de anos, o *Homo sapiens* evoluiu pelo conhecimento de si mesmo e dos adversários até conseguir enfrentar as adversidades com certa vantagem, seja na luta contra predadores ou contra membros de sua própria espécie, em uma batalha constante para se manter vivo. Estima-se em 10 milhões de anos a duração dessa fase histórica, em que por meio da observação puderam ser desenvolvidos também outros sentidos, notadamente o da percepção. As informações versavam sobre o cotidiano e serviam o homem de forma imediata.

Ao longo desse processo evolutivo, a necessidade de informações foi crescendo cada vez mais, abarcando diversas áreas, como a escolha da época para plantio e colheita, a existência de prováveis inimigos, e até estimar se teriam ou não prosperidade em atividades comerciais e nas relações com outras tribos e povos. Enfim, uma quantidade enorme de assuntos, sobre os quais eram consultados astrólogos, adivinhos, profetas e feiticeiros, cultura esta ainda praticada em grande parte das sociedades modernas.

No século VII a.C., os gregos consultavam os oráculos (o da cidade de Delfos é o mais conhecido) por intermédio das pitonisas a fim de obter respostas às suas indagações cotidianas. Nos relatos históricos de Tucídides, analisados por Vicente Dobroruka,[1] sobre a Guerra do Peloponeso, travada de 431 a 404 a.C., aparecem em diversas passagens consultas feitas pelos atenienses a oráculos e adivinhos:

> Lembraram de outro oráculo transmitido aos lacedemônios quando, em resposta à pergunta sobre se deveriam ou não ir à guerra, o deus respondeu que "se guerreassem com todo o seu poder, a vitória seria dele", acrescentando que ele mesmo os ajudaria.

Um breve histórico

Nessa obra, há ainda registros do emprego de espiões e de mensageiros, que levavam informações documentais ou as transmitiam oralmente aos seus destinatários. Dobroruka refere-se a um episódio em que "um espião persa foi capturado pelos atenienses enquanto se dirigia para Esparta carregando consigo documentos escritos em aramaico, os quais foi obrigado a traduzir quando levado para Atenas".

O mais antigo relato – citado em todas as obras que tratam da inteligência, e que evidencia a prática da espionagem – pode ser visto no texto bíblico, especificamente no Velho Testamento, 13, 17-20. Nele, Deus fala a Moisés:

> Envie homens para espionar a terra de Canaã, que eu hei de dar aos filhos de Israel: de cada tribo de seu país enviareis um homem, sendo cada qual príncipe entre eles.

Então, Moisés ordena a seus espias:

> Subi ao Neguebe e penetrai nas montanhas. Vede a terra, que tal é, e o povo que nela habita, se é forte ou fraco, se poucos ou muitos. E qual é a terra em que habita, se boa ou má, e quais são as cidades em que habita, se em arraiais ou fortalezas.

Após 40 dias, os 13 espiões retornaram relatando: "Fomos a terra a que nos enviaste, e verdadeiramente emana leite e mel, este é o fruto dela" (13, 27).

Outro relato significativo está no Livro de Josué, capítulo 2, em que este enviou de Sitim dois homens para espiar a terra de Jericó.

Mas foi há cerca de 500 anos a.C. que surgiu a primeira e principal obra que retrata a importância das informações. Escrita na China, tratava-se de um livro sobre a arte militar, o qual dedica um de seus capítulos às informações, tornando-se um clássico e referência até nossos dias: *A arte da guerra*,[2] de Sun Tzu. Algumas passagens são célebres, como a que se refere às informações no campo de batalha:

> Se conheceis o inimigo e a ti mesmo, então tu não precisas amedrontar-te perante cem batalhas. Se conheces a ti mesmo, mas não o inimigo, então vitória e derrota tem igual peso. Se não conheces nem o inimigo nem a ti mesmo, então tu perdes qualquer batalha.

Sun Tzu destina um capítulo específico aos espiões, sugerindo que

> o que possibilita ao soberano inteligente e ao bom general atacar, vencer e conquistar coisas além do alcance dos homens comuns é a previsão. Ora, essa previsão não pode ser extraída da coragem, nem também por intuição decorrente da experiência, nem por qualquer cálculo. O conhecimento das disposições do inimigo somente pode ser conseguido de outros homens, daí o emprego de espiões.

O autor recomenda ainda que o exército utilize suas maiores inteligências para a espionagem, pois os espiões são os elementos mais importantes de uma guerra por serem os responsáveis pela movimentação do exército. No manuscrito original, Sun Tzu classifica cinco tipos de espiões, conforme a natureza de sua utilização: agentes nativos, internos, desertores, descartáveis e sobreviventes. Ele conclui afirmando que "Se estiverem em ação espiões dessas cinco classes, então ninguém sabe de sua atividade. Um sistema assim, tão fantástico, é o maior tesouro de qualquer governante".

Em um capítulo sobre "pontos fortes e fracos", Sun Tzu fala sobre a dissimulação, uma técnica empregada na contrapropaganda e desinformação: "Por meio do engano, nós ocultamos nossas intenções. Por meio do segredo, nós nos tornamos imperceptíveis". Adiante, o autor ainda explica, no capítulo sobre manobras, que "A condução bem-sucedida de uma guerra repousa sobre a camuflagem e o engano".

Dentro dessa percepção, durante a Segunda Guerra Púnica, o general e estadista cartaginês Aníbal, ao atravessar os Alpes com a finalidade de conquistar o norte da Itália, usou animais em que amarrou tochas acessas para confundir o inimigo e levá-lo a pensar que se tratava de tropas em deslocamento, evitando, assim, ser surpreendido por emboscadas e sabotagem.

Sun Tzu, embora o mais famoso, não é o único estrategista chinês a dar destaque para a inteligência como ferramenta estratégica de guerra. Praticamente todos os comandantes chineses deste período referem-se ao uso da espionagem e da inteligência. É atribuído ao general Er-Hu,[3] da dinastia Zhao (481 a 221 a.C.), a frase: "a fonte que alimenta os fundamentos da guerra de estratégia brota dos relatórios de inteligência", ou ainda, "a inteligência propicia um conjunto de medidas capazes de neutralizar o inimigo sem que haja necessidade de lutar". Coincidência ou não, milhares de anos mais tarde, após a derrota na Guerra do Vietnã, o inspetor-chefe de armas da CIA, David Kay, em uma entrevista para os arquivos de memória da Agência, afirmaria: "Achamos que a inteligência é importante para vencer guerras. Guerras não são vencidas pela inteligência, o que ela realmente faz, quando está funcionando bem, é ajudar a evitá-las".[4]

Seguindo essa linha histórica, o conquistador e unificador dos mongóis Gengis Khan também utilizou a atividade de informação como parte de sua estratégia militar. Ele buscou conhecer melhor o inimigo através de relatos de mercadores, viajantes e até da população local, obtendo informações sobre as defesas e outros aspectos das cidades que desejava conquistar. Os dados de interesse variavam, incluindo o cotidiano de seus habitantes, o número de guerreiros, levantamentos sobre os tipos de armas existentes, características e pontos sensíveis das fortificações, entre outras questões, que seriam decisivas para o empreendimento de uma ação militar de sucesso. Há relatos de ações de propaganda, em que espiões espalhavam boatos dirigidos às tropas inimigas, superdimensionando o tamanho e a potência dos exércitos de Khan, com o objetivo de aterrorizá-los e reduzir sua disposição para o combate.

Registros antigos descrevem que as legiões romanas no século I a.C., nas guerras da Gália, utilizavam a informação por meio da figura dos *speculadores,* um grupo de combate especializado em operações clandestinas que se infiltrava no território inimigo em busca de informações que eram repassadas posteriormente ao comando das tropas em forma de relato oral. Mas essa não era a única fonte. As informações também eram obtidas pelo interrogatório de prisioneiros de guerra, desertores e habitantes locais, mediante pagamento, recebimento de víveres ou em troca da própria liberdade.

No século XIII a.C., o faraó Ramsés II utilizou inimigos hititas, supostamente desertores, como fontes de informação. Ao receber deles informes que diziam haver grande insatisfação e desertores no exército do rei Hattushilish, mandou espiões para confirmar tal relato. Os espiões voltaram e relataram ao faraó que o exército inimigo estava à espera do ataque com um grande número de soldados de infantaria e carros de combate, posicionados ao redor do acampamento egípcio, e que não havia sinais de insatisfação.

Um breve histórico

Napoleão Bonaparte, considerado um dos maiores estrategistas militares da História, se assessorava sistematicamente de informações, e principalmente de contrainformação, baseado no tratado romano *De Re Militari*, de autoria de Flavius Vegetius Renatus. Este recomendava que comandantes militares revelassem suas reais intenções apenas àqueles de fidelidade indiscutível ou que confiassem apenas neles mesmos, e que alterassem imediatamente seus planos caso fossem descobertos pelo inimigo.

À época, o exército francês possuía uma seção voltada para as informações chefiada por Karl Schulmeister, que abrangia estudos estatísticos com a tarefa de elaborar estratégias contra o inimigo. Uma seção de topografia e hidrografia que confeccionava mapas de fortificações, das melhores disposições para as tropas no terreno e de rotas marítimas para a esquadra, objeto de estudo posterior dos comandantes franceses. Mas Napoleão também possuía um oficial de informações, o coronel Bacler d'Albe. Segundo registros,[5] ele era o único assistente que permanecia a seu lado quando Napoleão tomava grandes decisões no campo de operações. "Inclinando-se sobre os mapas abertos, compasso na mão, e com d'Albe ao seu lado para informá-lo sobre topografia ou sobre as disposições e os efeitos do inimigo." Dessa forma, Napoleão controlava a situação que se modificava dia a dia, com base nas informações de seu assistente, que mantinha um fichário com dados atualizados sobre as unidades inimigas.

Da mesma forma, os russos do período czarista espionavam o Alto-comando de Napoleão e chegaram a ter acesso aos planos de invasão da Rússia, o que resultou em uma estratégia de elaboração de longa resistência até a chegada do inverno, pois sabiam antecipadamente que as tropas napoleônicas não estavam preparadas e equipadas para as adversidades dessa estação, incluindo o reabastecimento de alimentos. Séculos mais tarde, em 1941, numa repetição da história, os russos obteriam acesso detalhado aos planos de invasão de Hitler à Rússia, adotando praticamente a mesma estratégia.

Em 1519, Nicolau Maquiavel publicou o seu *A arte da guerra*, um tratado da arte militar semelhante à obra de Sun Tzu, em que aconselha um comandante a conhecer determinados aspectos do inimigo e da situação do terreno, tais como: quem está em maior número, mais bem armado, ou possui a melhor cavalaria ou o exército mais bem treinado? Quem é capaz de suportar mais necessidades? Em quem confiam mais? Quem é o comandante inimigo, é temerário ou cauteloso, tímido ou audaz? No que se refere ao lugar em que estão dispostas as tropas, é preciso saber se é melhor para ele ou para o inimigo e quem consegue víveres mais facilmente. O conhecimento dessas peculiaridades certamente traria vantagens durante os combates e nas manobras do exército.

Sabe-se, também, que durante a Inquisição havia na Europa uma rede de espiões e delatores cuja principal tarefa era monitorar e identificar pessoas suspeitas da prática de bruxaria e de cultos considerados pagãos. É apenas no final da Era Moderna, início da Era Contemporânea, que a espionagem passou a ser reconhecida formalmente pelas autoridades governamentais, que lhe deram a devida importância. Na Alemanha, por iniciativa do rei Frederico II, grande estrategista militar que liderou seu país em três guerras, foi introduzido um novo método de espionagem que consistia na leitura de registros e relatórios de funcionários em serviço nas embaixadas europeias, quando do retorno a seu país de origem, após o término das missões. Neles, eram apresentadas com precisão de detalhes questões envolvendo aspectos políticos, econômicos e militares, nascendo então os primeiros documentos de inteligência de que se tem notícia.

Na visão de João Domingos Parente,[6] compartilhada por muitos estudiosos sobre o tema, o primeiro serviço de informações organizado surgiu na Inglaterra, criado pelo ministro do Exterior da rainha Elizabeth I, sir Francis Walsingham, em 1573. Incluía entre suas atividades a coleta de informações sobre o potencial militar e econômico dos países inimigos, identificação de anarquistas e conspiradores além de notícias corriqueiras sobre fatos que estavam ocorrendo em outros países da Europa. O grande triunfo de sir Walsingham foi prever, com base nas informações de seus espiões, os planos de uma futura invasão de seu país por uma grande armada espanhola que estava sendo construída para esta finalidade. Quando do surgimento dos serviços postais na Europa, o rei Henrique IV da França criou no ano de 1590 o Cabinet Noir ou Gabinete Secreto do Correio, um órgão destinado primeiramente à espionagem da nobreza, por meio do monitoramento e da abertura da correspondência a ela endereçada, com a finalidade de evitar golpes e conspirações, e que mais tarde se estenderia à abertura da correspondência diplomática e de alguns súditos. No século seguinte, esse órgão seria dirigido pelo cardeal Richelieu, sendo, posteriormente, muito utilizado pelo rei Luís XV.

Esse foi um período de grandes intrigas, superstições e conspirações. Em um primeiro momento, as informações eram baseadas somente na observação, memorização e descrição de situações. Posteriormente, passaram a ser obtidas pela descrição feita por prisioneiros de guerra, de documentos retirados de cadáveres mortos em combate, de fortificações tomadas de surpresa, de navios postos a pique e pela ação de patrulhas de reconhecimento.

Ao analisarmos a história de batalhas dos exércitos desde a Antiguidade, verificamos a existência de um grande intervalo de tempo, às vezes séculos, sem a aplicação das táticas de espionagem como meio de obter informações. Muitos comandantes consideravam a espionagem um ato indigno, uma ação imoral entre camaradas, mesmo que lutassem em lados opostos. Essa é uma das razões para a espionagem não ter sido usada em determinados períodos históricos. Mas, em geral, temos a impressão de que, nesses hiatos, a técnica foi esquecida ou não foi levada a sério pelos comandantes dos exércitos.

NOTAS

[1] Especialista em História Antiga e Medieval, professor da UnB, publicou um artigo na *Revista Militar de Portugal* em 2010 intitulado "A utilização de instrumentos de inteligência na Antiguidade", de onde os relatos de Tucídides foram retirados (na sequência, páginas 76 e 88).

[2] A primeira tradução conhecida do livro *A arte da guerra* no Ocidente data de 1772, publicada em Paris pelo padre jesuíta Jean Joseph Marie Amiot, segundo Roger Faligot, na obra *O serviço secreto chinês*. Existem algumas diferenças conceituais entre essa tradução e o manuscrito original, a maioria delas por conta de equívocos no entendimento de ideogramas chineses. (Neste capítulo, utilizamos a edição de 2012 de *A arte da guerra*, da editora Vozes, de onde retiramos as citações, na sequência, das páginas 20, 88, 89, 31 e 41.)

[3] Passagem retirada do livro *O Tao da guerra: os fragmentos perdidos da dinastia Zhao*, de Wagner Cunha, São Paulo, Saraiva, 2010, p. 71. O livro conta como o general Chinês Er-Hu utilizava os preceitos da inteligência e da espionagem para se antecipar às estratégias do inimigo.

[4] Tim Weiner, *Legado de Cinzas: uma história da CIA*, tradução de Bruno Casotti, Rio de Janeiro, Record, 2008, p. 544.

[5] Suplemento da *Enciclopédia Britânica*, 11ª edição de 1923, artigo "Intelligence Military" de autoria do major Charles Atkinson e do capitão Ferederich Haphold, citado na obra *Serviços secretos do século XX*, de Constantine Fitzgbbon, tradução de Waltensir Dutra, Rio de Janeiro, Agents editores, 1978.

[6] Autor do artigo "Informações, princípio e princípios" publicado na revista *Coletânea L*, Escola Nacional de Informações (EsNI), v. 1, p. 54, 1976.

Inteligência nas guerras e conflitos

Até o fim da Era Moderna a inteligência trabalhava apenas com informações obtidas de fontes humanas (HUMINT – Human Intelligence). No ano de 1782, surgiu na frota naval inglesa o que hoje conhecemos por inteligência de sinais (SIGINT – Signals Intelligence, que usa como dados sinais de comunicação), criada pelo almirante Howe. Ele desenvolveu um livro de códigos de sinais através de bandeirolas por meio do qual os comandantes de fragatas poderiam se corresponder com colegas a bordo de outros navios desde que não estivessem a grandes distâncias, ou seja, fora do alcance das lunetas. Em 1801, Home Popham aperfeiçoou o trabalho de Howe criando um sistema de informações baseado em valores numéricos simbolizados por um conjunto de bandeirolas de diversas cores, que representavam letras do alfabeto, e eram sinalizadas pelo seu içamento nos mastros dos navios da esquadra inglesa, formando palavras.

Conforme relata Keegan,[1] este código foi utilizado em 1805 pelo almirante Nelson antes do início da Batalha de Trafalgar contra a frota franco-espanhola, durante a qual, pelo conjunto de bandeirolas, içou a frase "A Inglaterra espera" seguida da palavra "dever".

Em 1832 é publicada uma obra que inspirou gerações de oficias militares intitulada *Vom Kriege* (*Da guerra*), de autoria do reconhecido teórico e estrategista militar prussiano Carl von Clausewitz, que destinou um pequeno capítulo sobre as informações. O autor argumenta que adquirir conhecimentos relativos ao inimigo e a seu país por meio da informação instrumentaliza "nossas próprias ideias e nossos atos", dando um caráter estratégico à atividade. Mas enfatiza, em determinado momento, a pouca confiabilidade das informações militares, provavelmente devido a dificuldades encontradas na época para interpretá-las ou pelo fato de chegarem atrasadas a seus destinatários.

Nas guerras do século XIX, como a da Secessão (EUA, 1861-1865) e a do Paraguai (Brasil-Paraguai, 1864-1870), a questão das informações é raramente mencionada pelos historiadores. Sabe-se, porém, que foi por meio de conflitos como esses que se deu início ao desenvolvimento de novas técnicas destinadas a conhecer melhor o inimigo, na busca de elaborar um planejamento estratégico e tático para os exércitos. Assim, além do uso em ambas as campanhas citadas de balões tripulados, que tinham a finalidade de observação aérea do movimento das tropas inimigas no campo de batalha, havia também espiões que traziam relatos orais sobre a quantidade de homens, tipos de armamento, localização de fortificações e como era realizado o apoio logístico a essas tropas. Em ambos os conflitos foi comum que batedores nativos da região conduzissem à frente de batalha as unidades de combate terrestres, pois, além de possuírem conhecimento topográfico, mantinham contato com residentes das cidades por onde passavam extraindo dados ou informes sobre o inimigo e sobre a localização de prováveis fontes de alimentos e locais seguros para repouso à noite. Baseado nesses conhecimentos e no conceito de "confundir para desorientar", o general Tomas Stonewall Jackson, do Exército Confederado (do Sul), mesmo estando em inferioridade numérica em relação às tropas da União (do Norte), venceu inúmeras batalhas no vale do rio Shenandoah, na Virgínia. Por sua vez, a União utilizou-se diversas vezes de informações, principalmente relacionadas às avaliações sobre as condições econômicas dos estados do Sul, o que poderia revelar se estes conseguiriam manter-se na guerra e por quanto tempo. Com a invenção do telégrafo, na década de 1830, e a utilização do código Morse, as tropas Yankees (da União) puderam organizar suas frentes de batalha com maior agilidade com base nas informações da movimentação do inimigo, o que se tornou decisivo para a vitória contra os Confederados.

Na Guerra do Paraguai, foi contratada a equipe de balonistas[2] que prestara serviços ao Exército da União durante a Guerra da Secessão, para apoiar as tropas do então marquês de Caxias na conquista de Humaitá.

Há ainda inúmeros registros nas chamadas "Ordens do Dia", notadamente, do marquês de Caxias, sobre a aplicação das informações em ações de reconhecimento das forças inimigas e uso da dissimulação pelo Exército brasileiro na campanha contra o Paraguai. Expressões do trecho apresentado a seguir ratificam essa afirmação:

> [...] tendo *examinado* no chaco todos os pontos ocupados pelas nossas forças de terra, e *reconhecido* a natureza deste terreno, e dos adjacentes... Recebendo o aviso de

que a enchente do rio havia parado, descendo esmo das águas já a uma polegada, tornou-se necessário *antecipar a passagem* da esquadrilha... no intuito de *distrair a atenção* do inimigo daquele ponto no momento da passagem da esquadrilha e de *fazê-lo persuadir* de que iria ser atacado por nossas forças em suas linhas fortificadas... o 2º Corpo de Exército deveria *simular* um ataque geral sobre as trincheiras inimigas... Para que o inimigo robustecesse a crença de que por ali devia ser atacado, expedi a ordem a todos os corpos do exército para que durante o dia 18, houvesse em seus acampamentos, *grande e ostensivo movimento* de carretas, e de mais veículos de transportes, devendo a artilharia de campanha aparelhar e manobrar em diferentes direções; e que uma força considerável de cavalaria, vinda do lado de S. Solano, procurasse o nosso flanco esquerdo, de modo que *o inimigo a visse...*[3]

Uma das questões polêmicas dessa guerra, raramente citada por historiadores, é a participação de soldados da fortuna ou mercenários, que lutaram às centenas junto ao Exército brasileiro. Os mercenários que sobreviveram acabaram tomando, muitas vezes, a nacionalidade do país pelo qual lutavam ou voltaram a seus países de origem. Não se pode esquecer que entre 1865-1870 houve uma série de conflitos nos Estados Unidos, na Europa e na Ásia; findas essas guerras, os combatentes contratados encontraram-se na situação de desempregados. É muito provável, então, que tenham sido os mercenários que trouxeram táticas e fundamentos de serviços de inteligência militar para a América do Sul, sendo que o maior exemplo é a utilização do balão de observação aérea pelo Exército brasileiro.

Inteligência nas guerras e conflitos

Contudo, na Guerra de Canudos (1896-1897), travada no sertão da Bahia, a situação seria bem diferente. A falta de dados e informações sobre o nível de força, tipo de armamento, efetivo e possibilidade de reação dos seguidores de Antônio Conselheiro, bem como o desconhecimento total do terreno somado à tendência a subestimar os jagunços levaram o Exército a realizar quatro expedições. Nas três primeiras sofreu derrotas constrangedoras. A obra de José Rivair Macedo e Mário Mestri, *Belo Monte: uma história da Guerra de Canudos*, registra que os conselheiristas optaram por uma tática similar à guerra de guerrilhas. Eles provocavam o terror, o desespero, a desorganização entre os combatentes inimigos, além de deserções em massa. Durante boa parte da campanha, os soldados estiveram entregues às agruras do meio geográfico desconhecido, expostos a um inimigo que mal podiam ver. O pânico os dominava invariavelmente, pois tornavam-se presas encurraladas sem saber quando cairiam, atingidos pelas balas mortais que criavam grandes vazios nas unidades, destacamentos e batalhões, causando um efeito psicológico devastador. Parte do armamento e munição em poder dos jagunços foi recolhida por eles depois de ter sido abandonada, junto com outros esquipamentos (bornal e carroças com material de acampamento e cozinha), pelos soldados do Exército da República em fuga.

Como podemos constatar, as informações até aqui apresentadas eram direcionadas ao conhecimento com objetivos exclusivamente militares, dentro da doutrina apregoada pelos clássicos de Sun Tzu, Maquiavel e Clausewitz.

Com a Revolução Bolchevique, em 1917, que culminou na deposição do czar Nicolau II, e após a morte de Lenin e ascensão ao poder de Josef Stalin, as informações passaram a ter, também, um caráter de controle interno. Sob a direção de Lavrenty Béria foi criado e estruturado um novo serviço de informações na Rússia denominado NKVD (Comissariado do Povo para Assuntos Internos), precursor da temida KGB (Comitê de Segurança do Estado), cuja principal finalidade era espionar a população mantendo um controle absoluto sobre os cidadãos russos. Através de uma ampla rede de colaboradores e agentes infiltrados no cotidiano da cidade (vizinhança, serviços públicos, indústrias, escolas, universidades e Forças Armadas), eram assinalados aqueles integrantes da comunidade que não se adaptavam ao novo sistema político implantado. Eles eram então deportados para prisões na Sibéria, em campos de concentração conhecidos como *gulags*, muito bem retratados na obra do dissidente soviético Alexandre Soljenitsin. Estes métodos foram reproduzidos em países-membros da chamada Cortina de Ferro, espalhando-se também por regimes ditatoriais ao redor do planeta.

Com a deflagração da Primeira Guerra Mundial, episódio anterior (depois concomitante) à Revolução Bolchevique, as informações militares tiveram um papel tímido, pois a classe militar ainda se encontrava sob forte influência doutrinária de Clausewitz, para o qual não havia outro objetivo da guerra senão destruir as forças principais do inimigo no campo de batalha. Muitas das informações tinham como fonte comentários e conversas obtidos em bailes e coquetéis promovidos por representações diplomáticas estrangeiras. Outras, provindas dessas mesmas representações, eram mensagens codificadas e criptografadas que passaram a ser do interesse de especialistas em inteligência que trabalhavam na decifração desses sinais.

Ao final do conflito, percebeu-se que poderia ser utilizada uma estratégia mais ampla, que contemplaria o emprego das informações de forma inteligente e coordenada. Como afirma Liddell Hart, famoso historiador militar inglês,[4] havia outros meios de desmoralizar o inimigo destruindo-o por dentro e conquistando-o de forma mais econômica e com menos derramamento de sangue. Nessa época, a maioria dos serviços secretos não estava estruturada. Nos EUA, as informações estavam distribuídas em diversos departamentos governamentais, sem uma coordenação geral e com diferentes métodos de decifração de mensagens, não havendo integração.

Dentro do novo pensamento, alguns anos após o término da guerra, soviéticos e ingleses lançaram mão de uma nova estratégia: a utilização dos agentes duplos, ou seja, pessoas que tinham acesso a assuntos sensíveis, recrutadas por serviços de uma potência estrangeira e que repassavam informações a seus recrutadores mediante pagamento ou por chantagem.

A partir do início da Segunda Guerra Mundial, considerada a "Guerra da Inteligência" pelo historiador John Keegan, a atividade obteve um imenso salto qualitativo, passando a ser considerada uma ferramenta estratégica no processo decisório das nações envolvidas. A História, nesse período específico (1939-45), registra vários exemplos de como ditadores, governantes e estadistas se valeram em maior ou menor grau das informações disponíveis para a tomada de decisões táticas e estratégicas. Merecem destaque a negativa de Hitler em avaliar as estimativas da inteligência militar sobre o número de tanques e efetivo que poderia ser mobilizado pelo Exército soviético em caso de invasão e a negativa de Josef Stalin em considerar os informes de que Hitler pretendia invadir a Rússia, a despeito do protocolo de não agressão entre ambas as potências. Aliás, há registros de que tanto Hitler como Stalin menosprezavam as informações obtidas pela espionagem ou resultante da decodificação de mensagens criptografadas que não se encaixassem em suas visões particulares sobre estratégia de combate.

Apesar disso, essa estratégia de guerra baseada na ação indireta, relatada pela primeira vez nos escritos de Sun Tzu, preconizava o importante papel da atividade de informações de forma contundente. Essa tese defendida por Sun Tzsu seria ratificada séculos mais tarde por muitos estadistas, especialmente quando da eclosão da Segunda Guerra Mundial, época em que ficou patente que prever como o inimigo iria agir e neutralizá-lo era questão de sobrevivência.

A ação indireta previa espionagem, infiltração, recrutamento, propaganda, contrapropaganda e desinformação. Podemos mencionar diversos exemplos marcantes e decisivos, como o do agente Richard Sorge (considerado "o espião do século"), que informou a Stalin, com 30 dias de antecedência, a intenção da Alemanha de invadir a Rússia. Outro caso que mudaria a face da guerra foi o da decodificação das informações do Almirantado japonês que indicavam um provável ataque à base naval dos EUA no Havaí (Pearl Harbor), mas que lamentavelmente não foram recebidas com a devida importância pela inteligência americana. Também digna de registro é a propaganda diversionista criada pelos Aliados na intenção de ocultar dos alemães a invasão da Normandia (o Dia D), numa ação de desinformação relatada no livro O *homem que nunca existiu*, de Ewen Montagu.

Inteligência nas guerras e conflitos

Os Aliados desejavam que os alemães acreditassem que a invasão seria nos Bálcãs. Para isso, os ingleses lançaram o corpo de um homem fardado como um oficial inglês ao mar Mediterrâneo, portando uma pasta de couro presa ao pulso que continha documentos secretos falsificados com detalhes do plano da invasão naquela região. As correntes levaram o corpo à costa espanhola e a inteligência alemã recuperou o material acreditando na manobra de dissimulação. O resultado foi o deslocamento de tropas e veículos para a defesa de outros pontos que nunca chegaram a ser alvo de ataques, deixando a costa da Normandia mais vulnerável. Provavelmente, se esta ação não tivesse sido orquestrada, o Dia D não teria ocorrido ou as baixas dos Aliados seriam muito superiores.

Nesse período, foram incrementadas novas técnicas de coleta e busca de dados e informes, utilização e infiltração de agentes, criação e ampliação de redes de espionagem em outros países, ações de sabotagem, desenvolvimento de máquinas de criptografia e códigos em linguagem cifrada para envio de mensagens com alto grau de segurança,[5] além de interceptação de ondas eletromagnéticas e incremento da propaganda, da contrapropaganda e da desinformação. Em 1943, os ingleses desenvolveram um protótipo do que seria, décadas mais tarde, o moderno computador. Tratava-se da máquina decifradora de códigos de nome Colossus, criada pelo engenheiro telefônico Tommy Flowers para decifrar a teleimpressora de codificação alemã Tunny, que proporcionaria o conhecimento antecipado e o monitoramento passo a passo das manobras nazistas em terra, mar e ar. A Colossus original possuía 1.500 válvulas e alcançava uma velocidade de leitura de 25 mil bits.

Pode-se dizer que, ao término da guerra, a informação – notadamente a Metodologia na Produção do Conhecimento – passou a ter um cunho científico com a publicação das primeiras duas obras técnicas sobre a atividade, consideradas clássicas até hoje: *Informações estratégicas*, de Sherman Kent, e A *produção de informações estratégicas*, de Washington Platt, ambos membros do antigo Escritório de Assuntos Estratégicos (OAS), precursor da Agência Central de Inteligência (CIA), criada em 1948. Essas obras faziam menção, pela primeira vez, aos fundamentos da atividade, dos tipos de conhecimento a serem elaborados desde o informe (que é apenas a descrição de um fato ou situação) à informação (elaborada com base em diversos informes), seus níveis, métodos empregados, certeza e probabilidade matemática para a ocorrência de determinados eventos. Procedimentos operacionais de uma doutrina básica seguida até hoje pelos serviços secretos. Mas a publicação dessas obras também inaugurou a desconfiança e a competição entre as agências, quer civis ou militares, que dificultam o compartilhamento de dados e informações.

A vasta experiência obtida nesses dois grandes conflitos levaram alguns países a investir pesadamente na modernização de seus serviços de informações, além de incrementá-los nas Forças Armadas. Com a nova configuração da política internacional, também houve uma reformulação dos aspectos doutrinários, especialmente no que se refere a objetivos no campo da espionagem.

No Brasil, esses avanços também se fizeram sentir. Embora as informações militares destinadas a subsidiar a Força Expedicionária Brasileira nos campos da Itália fossem centralizadas no Comando do Exército dos EUA, o país despertou para a nova realidade mundial. No ano de 1946, foi organizado o Serviço Federal de Informações e Contrainformações

(SFICI), um órgão que passava a fazer parte da estrutura do Conselho de Defesa Nacional, criado em 1927, precursor da atividade no país. Seu funcionamento era precário, pois ainda não havia uma doutrina básica, tampouco uma política de Estado voltada ao tema. Cabia-lhe, inicialmente, organizar a propaganda e contrapropaganda e a defesa do sistema econômico, coordenando medidas para a contraespionagem voltadas ao interesse econômico nacional. Dois anos mais tarde, foi aprovado o Regulamento para Salvaguarda das Informações que interessavam à Segurança Nacional, denotando a preocupação com a proteção das informações sigilosas. E em 1958, após diversas reestruturações, o SFICI alcançou sua autonomia tendo suas atribuições ampliadas para dirigir, coordenar e orientar as atividades de informações ligadas à Segurança Nacional, além de realizar estudos no intuito de subsidiá-las.

A Guerra Fria nada mais foi do que uma grande operação de inteligência. Um conflito que fomentou ainda mais a guerra secreta de natureza hegemônica que perdura até nossos dias. Os países que compunham o bloco soviético, os EUA e outras potências mundiais, em menor grau, a travaram nas sombras, e muitos episódios são, até hoje, desconhecidos do público. Nessa guerra, a vertente *informação* ultrapassou o aspecto das ações militares migrando para os campos técnico-científico e político-ideológico. No primeiro, a corrida tecnológica determinou um crescimento assombroso nas ações de espionagem e no recrutamento de agentes estrangeiros que empregavam métodos nada ortodoxos. O jogo tornou-se perigoso, muitos bilhões de dólares e rublos foram gastos no pagamento de agentes duplos que entregavam ao inimigo qualquer novidade científica que permitisse desenvolver projetos com mais rapidez, antes de seu oponente. E as necessidades estavam voltadas tanto para equipamentos e armamento bélicos – mísseis de longo alcance, aviões, submarinos, dispositivos de mira eletrônica – como para inovações na esfera civil, como novas vacinas, equipamentos cirúrgicos a *laser*, entre outros inventos.

No campo político ideológico, a situação não era diferente. Grandes recursos materiais e humanos foram alocados por ambas as potências com o intuito de facilitar a expansão de suas ideologias, notadamente nos países da Ásia e América Latina, financiando, inclusive, organizações não governamentais (ONGs) de cunho aparentemente educacional. Tanto a CIA como a KGB operavam fornecendo treinamento e recursos financeiros, na tentativa de expandir seu poder e ideologia pela propaganda direcionada a outros países. As operações clandestinas,[6] uma ferramenta secreta, começaram a ser utilizadas em larga escala, especialmente na América Central e Latina e em países da Ásia e África, no sentido de influenciar governos ou depô-los, ou ainda capturar e eliminar alvos políticos-militares e incitar a subversão. Outra tática utilizada amplamente foi a desinformação, direcionada à opinião pública através dos meios de comunicação de massa. Essa tática era operacionalizada por meio da difusão de informes falsos, distribuição de documentos, cartas, fotografias e criação de boatos fraudulentos para influenciar a política, promover rupturas nas relações entre países, abalar a confiança da população em seus governos e desacreditar indivíduos ou grupos. Por outro lado, serviam também para ressaltar falsamente o progresso, o grau de desenvolvimento e o modo de vida confortável de sua sociedade em relação às demais. Assim surgiu o grande mito da sociedade igualitária do modelo soviético, situação que hoje sabemos ter sido mera desinformação.

A Guerra Fria é considerada o período de ouro da atividade de informações por diversos motivos. Além de marcar a história pelo romantismo das ações secretas de espionagem imortalizadas pelos romances de Fleming, criador do personagem 007 e John le Carré, ambos agentes de informações, também o foi pelo início do desenvolvimento de equipamentos de alta sofisticação tecnológica, como os aviões espiões, a criação de imagens por satélite, o aperfeiçoamento da fotografia aérea, de radares, sonares, equipamentos de transmissão de áudio, microgravadores, microcâmeras e microfones, inaugurando um novo ciclo que teria grandes repercussões na sociedade civil no que se refere ao uso dessas tecnologias para outras finalidades. Grandes operações de inteligência foram planejadas e desencadeadas, como a da invasão da Baía dos Porcos em Cuba por unidades paramilitares treinadas e recrutadas pela CIA, compostas em sua maioria por cubanos dissidentes do regime de Fidel Castro. Outra digna de registro foi a instalação dos mísseis soviéticos de longo alcance em Cuba, identificados pela análise de fotografias aéreas dos chamados aviões espiões, fato que poderia ter gerado uma guerra nuclear entre as duas superpotências com desdobramentos catastróficos para a humanidade. Ressalta-se, ainda, o incidente da derrubada de um avião U-2 de espionagem da CIA, em 1960, sobre a União Soviética. Esse avião tinha por missão identificar instalações militares como bases de bombardeiros, de testes de mísseis antiaéreos e de mísseis de longo alcance. Os EUA divulgaram, dias após o ocorrido, um falso relatório à imprensa internacional informando sobre o desaparecimento de um avião de pesquisa da Nasa, pintando o logotipo da Agência Espacial em outra aeronave semelhante para exibição à imprensa internacional, numa típica ação de contrapropaganda e desinformação, uma vez que os soviéticos também divulgaram o fato real à imprensa internacional acusando os EUA de espionagem.

Fruto desse contexto histórico, surge no Brasil, no ano de 1964, o Serviço Nacional de Informações (SNI) com a tarefa de atuar nas áreas de produção de conhecimentos relativos à defesa dos objetivos do país no cenário internacional e de salvaguarda dos interesses do Estado contra ações de espionagem, sabotagem, terrorismo e outras que pusessem em risco as instituições nacionais. Três anos mais tarde, em 1967, seriam criados o Centro de Inteligência do Exército (CIE) e o Centro de Inteligência e Segurança da Aeronáutica (Cisa), vindo a juntar-se ao Centro de Informações da Marinha (Cenimar) que já existia desde 1955, todos com objetivos específicos. Nesse período, os serviços de inteligência estrangeiros atuavam livremente no país, influenciando e patrocinando os mais variados segmentos sociais de ambos os lados da política.

No livro The KGB and Soviet Disinformation: an Insider's View, Ladislav Bittman, ex-agente da inteligência tcheca, afirmou:

> sob direta supervisão soviética, o departamento de desinformação tcheco criou centenas de jogos contra os Estados Unidos, melhorou velhas técnicas de falsificação e desenvolveu novas. Quando Ivan I. Agayants, o oficial comandante do departamento de desinformação soviético, visitou Praga em 1965, ele parabenizou seus subordinados tchecos pelos seus sucessos, e enfatizou a necessidade de fortalecer a

coordenação entre os serviços de inteligência do Pacto de Varsóvia. A maioria destas vitórias foi conquistada em países em desenvolvimento, perturbados por alto índice de desemprego, complicados problemas sociais, linguísticos, tribais e econômicos, nacionalismo agressivo, influência de oficiais militares em assuntos políticos e uma considerável ingenuidade entre os líderes políticos. A América Latina, com seus fortes sentimentos antiamericanos, foi campo particularmente fértil e respondeu bem às provocações do Leste Europeu. Usando o México e o Uruguai como bases operacionais para o restante do continente, a inteligência tchecoslovaca concentrou sua atenção primeiramente no Brasil, na Argentina e no Chile, bem como no México e no Uruguai. Em fevereiro de 1965, o serviço me enviou a diversos países latino-americanos, inclusive Brasil e Argentina, para fazer a apreciação pessoal do clima político naqueles lugares e buscar novas ideias operacionais. Naquele tempo, a inteligência tcheca tinha numerosos jornalistas à sua disposição na América Latina. Ela influenciou ideológica e financeiramente diversos jornais no México e no Uruguai e até mesmo possuiu um jornal político brasileiro até abril de 1964.[7]

Por seu lado, a CIA, além de realizar operações clandestinas, auxiliava o SNI na identificação de pessoas simpatizantes ao regime comunista, dispostas a trabalharem em prol do Movimento Comunista Internacional ou já comprometidas no que consideravam subversão da ordem constitucional. Muitas dessas informações partiram de agentes duplos dentro da própria KGB repassando informações à CIA e vice-versa, com acesso aos relatórios de seus colegas de campo atuantes no Brasil. Financiava ainda instituições como o Instituto Americano para Desenvolvimento de Trabalho Livre e o Instituto para Estudos de Pesquisas Sociais, com objetivo de internalizar a doutrina da política anticomunista.

Ressalta-se que a atividade de inteligência cresce no decorrer dos conflitos a partir da segunda metade do século XX. Nas Guerras da Coreia (1950-1953) e do Vietnã (1964-1975), além de dados sobre o inimigo, condições meteorológicas e terreno, tornou-se fundamental o conhecimento do movimento das tropas vietcongues e da localização de suas bases para posterior utilização de caças bombardeiros B-52 juntamente com manobras táticas de tropas terrestres. As informações mais importantes eram colhidas em materiais capturados do inimigo, como mapas, relatórios, planos, diretrizes e registros pessoais dos comandantes, além do material obtido pelo pequeno número de agentes infiltrados e interrogatórios de prisioneiros. Quanto aos agentes, os dados mostraram-se imprecisos, pois os locais visados estavam invariavelmente sob forte vigilância e controle dos vietcongues, misturados à população, tornando difícil uma penetração na área para observação, sem o risco da detecção. A observação aérea foi pouco eficiente também porque os vietcongues se camuflaram entre a população e nas amplas áreas de florestas. Mas determinante para muitos fracassos operacionais foi o fato de que os norte-americanos não possuíam pessoal de informações suficiente para processar os dados e interpretá-los, tampouco especialistas em interrogatórios que dominassem o idioma local, contribuindo para a derrota estadunidense.

Na invasão do Afeganistão (1979-1989), os soviéticos enfrentaram problemas semelhantes com a guerrilha dos mujahedins, que, a exemplo dos vietcongues, lutavam utilizando ações de sabotagem e ataques relâmpagos contra as tropas invasoras seguidos de rápida dispersão e fuga para as inúmeras cavernas existentes nas montanhas naquele país, o que dificultava o contra-ataque. As informações eram obtidas por interrogatórios de prisioneiros e da população local, que não possuía interesse em colaborar, e resistia mesmo sob tortura. Com o apoio financeiro, bélico e de treinamento recebidos, posteriormente, da China, Irã, Paquistão, Arábia Saudita e sobretudo dos EUA por intermédio da CIA, os mujahedins aperfeiçoaram suas técnicas de observação e interrogatório, identificando com maior efetividade a movimentação e a localização das unidades militares soviéticas e seus pontos vulneráveis, promovendo ataques cada vez mais eficazes. Os documentos capturados nas bases atacadas foram essenciais para uma estimativa do poderio das forças invasoras e proporcionaram uma avaliação sobre o moral das tropas e do quanto estavam dispostas a permanecer na guerra. A partir desse ponto, a sorte mudaria de lado.

Na Guerra das Malvinas (1982), entre Argentina e Inglaterra, as informações militares tiveram nitidamente um papel de desequilíbrio das forças beligerantes, pendendo para os ingleses. A invasão das ilhas foi meticulosamente planejada pelos argentinos, levando-se em conta as condições atmosféricas locais e a quantidade de militares e o poder de reação da guarnição inglesa, além de uma análise sobre o conturbado período da política de Margaret Thatcher. Mas subestimaram, por erro de avaliação, a probabilidade de a Inglaterra deslocar suas tropas para a região. Por fotos de satélites, os ingleses observaram com certa facilidade a disposição das unidades do Exército argentino no terreno e a de sua esquadra. Utilizaram-se também da desinformação, ao publicar notícias na imprensa inglesa sobre o deslocamento antecipado de submarinos nucleares ao teatro de operações, o que retardou um desembarque argentino que seria determinante para o resultado final do conflito, ação militar que nunca chegou a ocorrer. Outro fator que também não foi levado em conta ou não foi levantado pelo serviço de inteligência militar argentino foram as estimativas sobre a logística dos ingleses, que estavam preparados para um período máximo de três meses de guerra, findo os quais grande parte da esquadra, aviação e unidades terrestres estariam sem combustível e alimentação e obrigadas a retornar para abastecimento – deixando um flanco aberto para os argentinos, situação tática que poderia ter mudado a história da guerra.

A primeira Guerra do Golfo (1990-1991) estabeleceu um marco divisório em relação aos conflitos anteriores. Pode-se afirmar, categoricamente, que inaugurou uma nova fase no aproveitamento da tecnologia militar voltada à atividade de inteligência, proporcionando vantagens qualitativas às forças de coalizão. Foram utilizados pela primeira vez, em tempo real, a monitoração e o controle dos campos de batalha por satélites (Airborne Warning Control System), armas inteligentes com precisão de alvos e a utilização por tropas em terra de GPS que propiciava a localização dos soldados mesmo à noite, facilitando a manobra tática dos comandantes.

No Afeganistão (2001-2011)[8] e na Segunda Guerra do Iraque (2003-2011), a atividade de inteligência permaneceu exercendo um papel preponderante de assessoramento com o uso crescente de novas tecnologias. Situações como mapeamento de alvos, movimentação de tropas, monitoramento da insurgência, contrainteligência, propaganda e contrapropaganda tornaram-se comuns no teatro de operações. A elaboração de estimativas, apontando perspectivas de duração e probabilidades de sucesso das nações envolvidas, foi decisiva para mudanças e adequação do planejamento. Além dos veículos não tripulados (VNT), a coalizão aperfeiçoou o mapeamento digital em ambiente eletrônico de toda a zona de combate, conferindo maior grau de certeza e direcionando bombardeios para locais específicos identificados como instalações vitais ao esforço da insurgência. As operações de inteligência eram voltadas para a captura de autoridades fugitivas e documentos secretos do governo iraquiano que detalhariam suas intenções nos mais variados campos, especialmente no que se refere à existência de agentes duplos, à extensão de sua rede de espionagem e países colaboradores com o regime de Saddam Hussein.

Um aspecto deficitário levantado durante essas operações foi alvo de artigo publicado na conceituada revista *Military Review* de 2009 escrito pelo major Walter E. Richter do Exército dos EUA. A crítica referia-se à necessidade de uma maior integração entre a atividade de inteligência e a comunicação social, no sentido de tornar oportuno aos comandantes conhecer fatores culturais e sociais da população, capacitando-os a melhor influenciá-la e estabelecer laços e relações mais amistosos em ambientes mais seguros. Essa experiência levou o U.S. Army a reformular sua doutrina, lançando, em junho de 2011, um manual atualizado sobre Defesa da Lei e da Ordem. Com a denominação de Operações de Espectro Total (Full Spectrum Operations), sua atualização se deu, especialmente, em razão das experiências no Iraque e Afeganistão.

A posição apregoada por essa doutrina é a de que, para atingir êxito em grandes operações bélicas, além do combate tradicional, tornam-se necessárias ações simultâneas para criar ambientes seguros, especialmente para as populações, com o objetivo de manter a estabilidade do local e garantir que as comunidades retornem às suas atividades cotidianas. Essa nova doutrina veio sanar em parte as dificuldades encontradas pelas forças estrangeiras em operações de espionagem e no recrutamento de agentes para infiltração, notadamente em países de religião islâmica.

No conflito israelo-palestino, em 2008, o serviço de inteligência israelense utilizou-se de operações clandestinas na identificação de alvos hostis em um ambiente urbano com grande densidade demográfica e residências compactas, semelhante às que encontramos nas favelas brasileiras. Nele, em particular, as informações de fontes humanas tornam-se fundamentais uma vez que o monitoramento por satélite ou aviões não tripulados não fornecem um grau de certeza sobre a natureza dos alvos. O grande desafio foi a identificação e localização de túneis subterrâneos onde estavam armazenadas armas pertencentes ao braço armado do Hamas, as brigadas Izz al-Din al-Qassam, atuando na Faixa de Gaza, bem como a movimentação de suas lideranças.

Em 2011, além dos ataques aéreos a Gaza, destacaram-se os ciberataques, de ambos os lados, com objetivos de propaganda e desinformação. *Hackers* palestinos apoiados por simpatizantes realizaram mais de 44 milhões de ataques a páginas de sites governamentais ligados aos ministérios da Defesa, do Interior e autoridades israelenses. Mensagens no Facebook e SMS também foram amplamente exploradas, como:

> Eles não têm frota, nem Exército ou Força Aérea. Não há guerra em Gaza. Esta é apenas a continuidade da exe-

cução da força militar por parte de Israel em uma tentativa de tirar até a última pessoa do Estado da Palestina.[9]

Ou: "Nosso objetivo é causar ao inimigo mais perdas possíveis em todos os níveis", afirmou Fawzi Barhoum, porta-voz do Hamas, ao expor que os "bárbaros atos" de Israel que "têm como alvo os civis" os fizeram pensar em todas as vias possíveis para se defender: "A guerra cibernética e eletrônica era uma destas opções."

Vimos, portanto, que estrategistas militares em diferentes épocas fizeram uso das informações para atingirem objetivos específicos. Mas, também, em diferentes épocas, acabaram cometendo os mesmos equívocos de avaliação ao processar estas informações. Provavelmente, um traço da natureza humana, em dado momento, confiante por sucessos adquiridos anteriormente, acaba por superdimensionar sua capacidade e poder e subestimar os do inimigo, situação que teve os resultados previstos por Sun Tzu há mais de dois mil anos.

Assim, o desfecho da Campanha de Napoleão na Rússia se assemelha ao de Hitler, ambos derrotados pelas condições adversas do clima e do terreno. A campanha dos EUA no Vietnã se assemelha à dos soviéticos no Afeganistão e também às invasões estadunidenses nesse mesmo país algumas décadas depois e, mais tarde, no Iraque, com relação ao comportamento da insurgência em suas ações de guerrilha.

A Guerra das Malvinas também é um bom exemplo, pois os argentinos não contavam com a hipótese de a Inglaterra mandar suas tropas e esquadra para defenderem as pequenas ilhas, especialmente em razão da crise política e econômica que enfrentavam.

Notas

[1] John Keegan, escritor e historiador militar, foi professor na Real Academia Militar de Sandhurst e autor de diversas obras sobre a guerra, sendo um dos principais críticos da obra do militar prussiano Carl von Clausewitz, *Da guerra*. Entre seus livros, destacam-se *A face da batalha* e *Inteligência nas guerras*.

[2] Provavelmente, a primeira observação aérea da história das guerras. Sobre os balões de observação, encontram-se mais comentários no livro *História da Força Aérea Brasileira*, do tenente-brigadeiro e patrono do Correio Aéreo Nacional Nelson Freire Lavenére-Wanderley, publicado pelo Ministério da Aeronáutica no ano de 1966, e em uma separata da *Revista do* IHGB, v. 299, abr./jun. 1973, com o artigo "Os balões de observação da Guerra do Paraguai", do mesmo autor.

[3] Fragmentos extraídos da Ordem do Dia n. 5, do marquês de Caxias, de 24 de fevereiro de 1868, apud Lúcio Sérgio Porto Oliveira, *A história da atividade de inteligência no Brasil*, Brasília, Agência Brasileira de Inteligência, 1999, pp. 13-5 (grifos nossos).

[4] Basil Henry e Liddell Hart, 1982, p. 273.

[5] Um dos episódios mais marcantes e que permaneceu em sigilo por trinta anos foi o da captura da máquina de criptografia alemã Enigma realizada por navios de patrulha após ataque a um submarino alemão, o U-110, em 9 de maio de 1941. Esse fato modificaria a guerra marítima no Atlântico, causando o fim da hegemonia alemã em ataques submersos. Outro exemplo foi a utilização da linguagem código indígena (Navarro) pelo Exército dos EUA quando da invasão das ilhas próximas ao Japão em face da ferrenha resistência japonesa.

[6] Ação clandestina é a que um Estado, poder político ou entidade realiza em outros países ou mesmo internamente sem o conhecimento e consentimento do alvo. A mais conhecida ação clandestina na América Latina foi a captura, após meses de observação, do criminoso nazista Adolf Eichmann, em 11 de maio de 1960, pelo Mossad, na Argentina, em que os agentes passaram-se por tripulantes de uma empresa aérea israelense, ou seja, uma história de cobertura. Porém, a maior ação dos últimos tempos foi a da morte do líder da rede Al Qaeda, Osama bin Laden, na cidade de Abbottabad, no Paquistão, em 1º de maio de 2011, na Operação de codinome "Neptune Spear".

[7] Ladislav Bittman, 1985, p. 47 (tradução nossa).

[8] A Invasão do Afeganistão é considerada o mais longo conflito da história militar dos EUA. Seu início em 2001, com a Operação "Liberdade Duradoura", lançou a guerra contra o terrorismo, declarada pelo governo do presidente George W. Bush, após os atentados do 11 de Setembro, inaugurando o polêmico conceito de guerra preventiva que seria adotado durante todo o seu período na presidência.

[9] Disponível em: <http://www.rededemocratica.org/index.php?option=comk2&view=item&id=3253:hackers-entram-na-guerra-contra-a-agress%C3%A3o-israelense-aos-palestinos>. Acesso em: 10 jul. 2013.

As agências de inteligência governamentais

As agências de inteligência ou serviços secretos são, em sua maioria, órgãos governamentais de natureza civil que atuam sob a égide das Constituições e legislação de seus países. Basicamente, sua divisão é feita em departamentos ou seções interligadas, responsáveis pelo funcionamento de todo o sistema, com pequenas diferenciações, conforme as características do órgão.

Resumidamente, possuem o seguinte organograma de funcionamento: uma direção-geral, uma vice-direção e cinco departamentos operacionais (Inteligência, Operações, Pesquisa e Tecnologia, Contrainteligência e Contraterrorismo). Algumas agências possuem departamentos de propaganda e contrapropaganda, enquanto em outras essas atividades estão inseridas na contrainteligência. Possuem escolas de inteligência onde são formados os quadros em suas diferentes especialidades e outros departamentos de caráter administrativo.

Cabe ao departamento de inteligência a produção de todo o conhecimento de inteligência interno e externo. É onde são elaborados estudos, relatórios, análises, avaliações e estimativas sobre diversas questões de interesse estratégico nacional, por meio da coleta de dados em diferentes fontes e intercâmbio com organizações estrangeiras similares. Esse departamento é dividido em seções ou subdepartamentos de assuntos internos e externos. Os de assuntos internos produzem conhecimento e monitoram as ameaças e os riscos potenciais que ocorrem dentro das fronteiras do país com repercussões na governabilidade. Os de assuntos externos monitoram as ameaças oriundas do exterior, além de realizarem o acompanhamento da conjuntura internacional.

O departamento de operações é responsável pela busca de dados negados ou não disponíveis por meio de agentes especializados, e concentra o planejamento e a execução de todas as operações clandestinas de espionagem, infiltração e de recrutamento operacional. Os dados obtidos são remetidos ao departamento de inteligência para análise e posterior aproveitamento na produção de determinado tipo de conhecimento. O departamento de pesquisa e tecnologia desenvolve, coordena e gerencia todos os equipamentos tecnológicos necessários aos agentes especializados na busca dos dados, trabalhando sob a demanda das operações.

O departamento de contrainteligência é responsável pela adoção de medidas preventivas e de controle que visam à proteção de todo o sistema, incluindo pessoal, conhecimento, instalações e comunicações, contra ações clandestinas de pessoas, entidades civis ou governamentais estrangeiras, que por questões óbvias não possuem permissão de acesso ao sistema. Incluem-se nessas ações a detecção de possíveis comprometimentos de conhecimentos sensíveis, espionagem, infiltração de agentes adversos, monitoramento de todos os tipos de comunicações e segurança das instalações.

Ao departamento de contraterrorismo cabe o acompanhamento da conjuntura nacional e internacional referente a grupos ou células terroristas, seus *modus operandi*, o surgimento ou a imigração de grupos em território nacional, estimativas de atuação e levantamento de vulnerabilidades nacionais nesse sentido.

Antes de abordarmos as agências de inteligências atuais, merece registro alguns aspectos de dois dos maiores serviços secretos do mundo, ambos já extintos, mas que tiveram participação ativa na história da guerra secreta. A KGB soviética e a Stasi da República Democrática Alemã (RDA).

O primeiro, criado em 1954, é uma evolução dos antigos serviços secretos russos, como a Cheka, a OGPU e a NKGB, e era composto por aproximadamente 500 mil integrantes, sendo considerado o maior e mais eficaz órgão de coleta de informações do mundo. Atuava especialmente na segurança interna contra a subversão ideológica, guarda de fronteiras, vigilância de cidadãos soviéticos e estrangeiros e como polícia secreta do regime. Entre suas diversas especialidades estava a espionagem em seus diferentes campos e o uso da propaganda e contrapropaganda, notadamente a desinformação. Era formado por dezenas de departamentos chamados de direção, com escritórios de representação nas 15 repúblicas que formavam a União Soviética e nos países do Pacto de Varsóvia, que compunham o bloco soviético.

Destacaram-se a primeira-direção, responsável pela espionagem estrangeira, a sétima-direção com responsabilidade pela vigilância, a nona-direção, formada por 40 mil guardas que atuavam na proteção de dirigentes do partido comunista, e os laboratórios de pesquisa que manipulavam venenos e drogas, existentes e utilizados até hoje. Um dos episódios rumorosos que comprovam essa utilização ocorreu em 2006, na Inglaterra, quando o dissidente e ex-agente russo, Alexender Litvinenko, foi vítima de uma substância radioativa conhecida como polônio 210, que o levou a uma morte agonizante em menos de trinta dias.

A espionagem no exterior era realizada pelos chamados residentes, agentes da KGB com identidade falsa que atuavam como funcionários das embaixadas da URSS. Possuíam imunidade diplomática, como proteção em caso de detecção, o que lhes permitia o benefício da expulsão do país, livrando-os da pena de prisão, que poderia ser perpétua, ou até mesmo da pena de morte por espionagem, considerada até hoje crime contra a segurança nacional na maioria dos países.

O segundo serviço secreto, a Stasi, abreviatura de "Staatssicherheit", foi inspirado no MGB soviético (Ministério de Segurança do Estado, órgão de segurança interno e externo da URSS entre 1946 e 1953). A Stasi surgiu no ano de 1950 na República Democrática Alemã e foi considerada o mais eficiente aparelho de repressão do mundo. Possuía um quadro estimado em 280 mil integrantes, entre funcionários, informantes e colaboradores, incluindo antigos e experientes ex-agentes da Gestapo e das SS. Seus agentes monitoravam praticamente todo o cotidiano dos cidadãos da conhecida Alemanha Oriental, infiltrando-se especialmente em hospitais, escolas e universidades. Sua tática de vigilância consistia na instalação de câmeras de vídeo e escutas para monitorar o comportamento dos alvos. Seus agentes utilizavam com frequência técnicas de assédio moral, com o objetivo de desequilibrar psicologicamente seus alvos e desacreditá-los. Os filmes A *vida dos outros* e *Fátima* exemplificam bem a forma de atuação da Stasi.

A exemplo do MGB e posterior KGB, a Stasi atuava também na espionagem interna e externa, no controle de fronteiras e como polícia secreta. A organização colaborou no treinamento de diversos serviços secretos, entre eles o da Síria e de Cuba, além de ter dado apoio a movimentos terroristas como os grupos Baader Meinhof e Abu Nidal.

Com relação aos órgãos de inteligência ativos na atualidade, o Serviço Secreto Inglês (SIS – Secret Intelligence Service), criado em 1909, é o segundo mais antigo dos serviços secretos (o primeiro é o do Vaticano, que será tratado mais adiante). Considerado um padrão para os demais países, possui diversas seções, entre elas o MI6, que trata da espionagem, e o MI5, responsável pela contraespionagem. O SIS teve um papel decisivo durante a Segunda Guerra Mundial, notadamente na decifração de mensagens criptografadas dos países que compunham o Eixo, e durante a Guerra Fria, sendo o que mais detectou e neutralizou casos de espionagem interna, resultado de traições. Entre seus agentes mais conhecidos figuram os escritores Graham Greene e John le Carré. Hoje é responsável pela produção de conhecimentos relacionados aos países do Reino Unido, concentrando todos os dados e informações vindas de suas agências no exterior. Seus interesses principais recaem nas agências de inteligência de outros países, organizações criminosas, narcotráfico e terrorismo, espionagem econômica e governos que desenvolvam atividades que possam representar ameaça aos interesses do Reino Unido e à paz mundial. Está subordinado ao Ministério dos Negócios do Estrangeiro. Possui também o Serviço de Segurança Interna (SSI), responsável pelas informações relacionadas à segurança interna e ao assessoramento no que diz respeito à segurança das informações em todos os órgãos da administração pública e no campo da contraespionagem. Está subordinado ao Ministério do Interior.

A França possui a Direção Geral de Segurança do Estado (DGSE), que é responsável pela detecção e neutralização de atividades de espionagem contra os interesses franceses e que afetem a segurança do país. Trata, basicamente, da inteligência externa e da contraespionagem externa. A inteligência interna está a cargo da Direção de Vigilância de Território (DVT), que concentra as ações de contrainteligência e tem por missão buscar dados sobre agentes estrangeiros operando internamente, produzir informações de contraespionagem, contrassubversão, e garantir a proteção interna contra a ação de agentes estrangeiros e contra operações de representações diplomáticas no país.

Na Federação da Rússia, após um processo de reestruturação de seu antigo serviço (KGB) da era soviética, foram criadas diversas agências de inteligência com missões específicas. São elas: o Serviço Federal Russo de Inteligência (SVR), o Serviço de Segurança Federal da Rússia (FSB), o Serviço de Segurança do Presidente da Federação Russa (SBP), a Diretoria de Proteção Principal da Federação Russa (GUO), a Agência Federal para as Comunicações e Informações do Governo (FAPSI) e os Serviços de Inteligência Militares, com destaque para o Serviço de Inteligência Externa do Ministério da Defesa (GRU).

As agências de inteligência governamentais

O SVR, aproveitando-se das estruturas criadas pela KGB no exterior, é o encarregado da coleta e busca de informações políticas, econômicas e tecnológicas assim como das atividades de contraespionagem. Entre seus interesses estão a detecção de ameaças externas com repercussões internas como o crime organizado, o terrorismo, a proliferação de armas de destruição em massa, especialmente os agentes químicos, biológicos e nucleares. Planeja e coordena operações clandestinas com agentes ilegais (aqueles que não possuem cobertura diplomática), espionagem, infiltração, recrutamento e outras ações. Já o FSB destina-se à segurança interna com missões de identificar ameaças aos interesses do Estado, nos campos político, econômico, militar, ecológico, proteção à Constituição, operações de contrainteligência, combate ao terrorismo, ao narcotráfico e à corrupção administrativa. Coordena, ainda, todas as instituições de segurança do Estado. O GRU atua na coleta de informações táticas e estratégicas no campo militar, trata da cooperação bilateral e da espionagem industrial relativa ao desenvolvimento de materiais, armas e equipamentos bélicos.

Na Alemanha, o Serviço Federal de Informações – Bundesnachrichtendienst (BND) –, criado em 1956, é o responsável pelas atividades de inteligência externa. Foi formado inicialmente por antigos e experientes ex-agentes da Gestapo e das SS[1] e colaboradores da Stasi. É subordinado diretamente ao primeiro-ministro e sua tarefa principal é a produção de conhecimentos militares, políticos e econômicos na esfera externa, bem como neutralizar organizações que pertenciam ao extinto bloco soviético. Seus alvos, após a última reestruturação, são o terrorismo, a proliferação de armas de destruição em massa, o crime organizado e a imigração ilegal. O campo interno é atendido pelo Serviço Federal de Proteção à Constituição (BFV), subordinado ao Ministério do Interior, responsável pelas informações referentes a ameaças internas, incluindo movimentos extremistas, sabotagem, organizações criminosas e atividades terroristas.

É nos Estados Unidos que estão alguns dos maiores e mais complexos aparatos de inteligência do mundo, formados por dezenas de órgãos que trabalham com informação. Entre eles, destacam-se a Agência de Inteligência de Defesa (Defense Intelligence Agency, DIA), a Agência Nacional de Inteligência Geoespacial (NGA), especializada em inteligência fotográfica, o Escritório Nacional de Reconhecimento (NRO) para operações com satélites, o Centro Nacional de Tarefas de Inteligência (NITC), o Centro Nacional de Avaliações Externas (NFAC) e a Estimativa Nacional de Inteligência (NIE).

O mais conhecido é a Agência Central de Inteligência (Central Intelligence Agency), a CIA, criada em 1947 com participação direta em diversos episódios da história internacional. A CIA é subordinada diretamente ao presidente dos EUA e responsável pela segurança nacional em seu mais alto nível. Entre suas missões estão a coleta de informações e a execução de medidas de proteção a assuntos sensíveis e ameaças externas desfechadas contra os interesses estadunidenses, incluindo ações do narcotráfico, terrorismo, armas de destruição em massa, proliferação de artefatos nucleares, ameaças oriundas de governos, organizações ou pessoas estrangeiros que atentem contra os interesses estratégicos e a segurança nacional, além da obtenção de informações econômico-comerciais.

As agências de inteligência governamentais

Cabe ainda à CIA executar ou contratar atividades de pesquisa, desenvolvimento e obtenção de sistemas e inventos técnicos relacionados às tarefas de inteligência, assessorar o presidente em assuntos estratégicos, dentre outras tarefas. Também atua em conjunto com o FBI (Federal Bureau of Investigation), órgão de jurisdição criminal de segurança interna em assuntos referentes a ameaças internas. Entre as maiores operações do Bureau estão a investigação e desarticulação da organização racista Ku Klux Klan na década de 1920, a caçada a um dos maiores criminosos dos EUA, John Dillinger, em 1934, e a descoberta e prisão do terrorista norte-americano Theodore Kaczynski, conhecido como "Unabomber".

O Pentágono divulgou em 2011 no jornal *The Washington Post* que planeja criar uma agência de espionagem militar que deverá se constituir na maior rede de espionagem mundial de fontes humanas, desde o término da Guerra Fria. O projeto prevê a ampliação das missões da Defense Intelligence Agency (DIA), atualmente destinada a dar apoio em informações, avaliações e identificação de alvos às operações militares, dotando-a de mais um departamento, chamado de Defense Clandestine Service (DCS). Estima-se que o novo serviço de espionagem militar deverá contar com cerca de 1.600 agentes espalhados pelo mundo e esteja em funcionamento em um período de cinco anos, quando do término do período de preparação e treinamento realizados pela CIA e das reestruturações administrativas necessárias. A missão ainda não está bem delineada, mas deverá recair, basicamente, na busca e na coleta de dados para a montagem de cenários com diferentes ameaças emergentes e avaliação do potencial e intensidade destas para atingir ou prejudicar os interesses dos EUA. Entre os assuntos considerados prioritários estão o de grupos extremistas islâmicos na África, as transferências de armas da Coreia do Norte e Irã e o crescimento e modernização do arsenal militar chinês.

Existem algumas diferenças sutis entre a nova agência a ser criada e a CIA. Os agentes do DCS serão exclusivamente militares e as missões, direcionadas apenas para a coleta e busca de dados, não podendo executar outras missões secretas, como sabotagens e ataques a quaisquer alvos. E, talvez, a principal diferença e fator que motivaram a criação do DCS (que por enquanto não passa de projeto) seja o fato de que, como agência militar, não está sujeita às mesmas regras e requisitos para notificação pelo Congresso norte-americano, como ocorre com a CIA, garantindo, assim, maior grau de sigilo às suas atividades e reduzindo possíveis falhas em operações por interferências externas.

No Canadá, a inteligência interna e externa está sob a responsabilidade do Serviço Canadense de Inteligência e Segurança (Canadian Security Intelligence Service, CSIS), órgão subordinado diretamente ao primeiro-ministro. Entre suas missões estão o planejamento e controle das atividades de inteligência externa, contraespionagem, contrassubversão e o contraterrorismo, além da coleta de informações relativas à capacidade e intenções de Estados estrangeiros, organizações internacionais e pessoas estrangeiras com residência no país, bem como atividades criminais relevantes ao exercício dos poderes constituídos.

O enigmático Estado do Vaticano possui um serviço secreto denominado "A Santa Aliança", que foi fundado em 1566 pelo papa Pio IV, portanto o mais antigo que existe, segundo a polêmica obra de Eric Frattini, *A Santa Aliança: cinco séculos de espionagem do Vaticano*. Subordinado diretamente ao papa, pouco se sabe sobre esse serviço, porém quem possui arquivos secretos desde o século XVI certamente também necessita de um serviço de inteligência, especialmente em um Estado independente, como é considerado o Vaticano, que participa do jogo de poder e das intrigas internacionais tanto quanto as grandes potências mundiais. O autor afirma que a Santa Aliança teve papel preponderante tanto em proteger e esconder judeus durante o regime nazista como em esconder líderes nazistas ao final da Segunda Guerra Mundial, por meio da organização clandestina chamada Odessa. A Santa Aliança teria financiado também golpes de Estado e apoiado ditaduras de interesse da Igreja Católica. No episódio da Guerra das Malvinas, teria intermediado a venda de armas para a Argentina, por meio do Banco do Vaticano.

Em Israel está o mais famoso serviço secreto e, para alguns analistas, um dos mais operacionais da atualidade: o Mossad (Ha-Mōśād le-Mōdīʿīn ū-le-Tafqīdīm Meyūhadīm – Instituto de Inteligência e Operações Especiais), criado em 1947 e ligado diretamente ao primeiro-ministro. É basicamente um serviço de espionagem com atuação internacional. Depois do término da Segunda Guerra Mundial, além de participar ativamente nos constantes conflitos com os árabes, auxiliou por décadas na caçada a criminosos nazistas envolvidos no projeto da "solução final", de Hitler. Atualmente, o objetivo principal do Mossad é proteger e neutralizar ameaças aos interesses e soberania do Estado israelense.

O Mossad utiliza técnicas de infiltração, espionagem, recrutamento e operações clandestinas, com foco principal no desmantelamento de grupos terroristas de países islâmicos, em especial do grupo palestino Hamas e do libanês Hezbollah, monitorando inclusive suas conexões internacionais. Inclui entre suas práticas o "assassinato seletivo" como tática de prevenção e dissuasão. Os casos mais conhecidos do emprego dessa tática foram a eliminação dos terroristas do Setembro Negro, que haviam sequestrado e matado atletas israelenses na Olimpíada de Munique em 1972, e o assassinato em 2012 do comandante militar do braço armado do Hamas, as Brigadas Izz ad-Din al-Qassam, na Faixa de Gaza. O Mossad fornece, ainda, informações às Forças Armadas para a confecção do planejamento tático. No campo interno, a atuação do serviço está sob a responsabilidade do Shin Bet, conhecido como "escudo invisível", um órgão de inteligência que tem por finalidade o levantamento de informações sobre ameaças internas, especialmente as relacionadas com infiltração de redes terroristas e organizações criminosas em território israelense.

O Egito possui um serviço secreto organizado à semelhança do SIS britânico. É composto por duas seções. A seção de abrangência interna é destinada à contrainteligência, que inclui medidas de proteção ao conhecimento, vigilância e polícia política, além da responsabilidade pela infiltração de agentes, denominado MA (Mouhabarat el Asma). A outra seção, de abrangência externa, está relacionada à inteligência militar reunindo integrantes das Forças Armadas, conhecida como MK (Mouhabarat el Kharbeiyah), responsável por ações de espionagem. Atribui-se ao MA as estimativas de evolução do fenômeno conhecido como a primavera árabe, que teriam sido entregues ao ex-presidente Hosni Mubarak. Fregapani, em sua obra *Segredos da espionagem*, cita que o MA teria alertado também sobre a ocorrência dos atentados do 11 de Setembro.

As agências de inteligência governamentais

A China abriga diversos órgãos voltados a produzir inteligência. O maior e mais misterioso dos serviços secretos, sobre o qual há poucas informações disponíveis, é o Serviço Secreto da China, conhecido como Guoanbu. Sua constituição se assemelha ao da antiga KGB soviética e tem como foco principal a vigilância externa da população chinesa no estrangeiro e a espionagem em alta escala. A vigilância interna está a cargo do Gonganbu, que é o serviço de segurança pública e polícia do regime, enquanto a inteligência militar é de responsabilidade do Qingbaobu. O Comitê Central do Partido Comunista é servido por um órgão especial denominado Diaochanbu. Como em qualquer outro serviço ou agência do mundo, o Guoanbu utiliza-se de técnicas de infiltração, recrutamento, sabotagem e operações clandestinas em defesa dos interesses estratégicos do país, especialmente nos campos da ciência e tecnologia, militar e econômico. Uma ferramenta constantemente colocada em prática é a ciberespionagem, assunto que veremos adiante.

Com a pretensão de, em curto espaço de tempo, ultrapassar os EUA como maior potência militar e econômica do mundo, pode-se avaliar a extensão de seus órgãos de inteligência e das táticas empregadas para tal objetivo. Não nos esqueçamos de que os primeiros princípios de utilização da atividade no mundo surgiram na China e remontam ao século IV, com a escrita de dois dos principais tratados sobre o tema. Há muito tempo que a infiltração ou recrutamento de agentes duplos no Guoanbu é o maior sonho das agências de inteligência ocidentais. Até meados de 2013 não se teve notícia de que isso tenha acontecido.

No Brasil, a inteligência está a cargo da Agência Brasileira de Inteligência (ABIN), órgão central do Sistema Brasileiro de Inteligência (SISBIN). Foi criada em 1999, após diversas reestruturações, como dito anteriormente no capítulo "Inteligência nas guerras e conflitos". Sua atuação se dá no campo interno e externo, identificando ameaças à ordem constitucional. Entre os assuntos de interesse estão narcotráfico, organizações criminosas e terroristas, proliferação de armas de destruição em massa, ciberataques, desmatamento, tráfico de pessoas e de armas, entre outros, que possam afetar o funcionamento dos poderes constituídos e atentem contra a segurança nacional. Em determinados assuntos internos, compartilha dados com o Departamento de Inteligência da Polícia Federal (PF), com o Conselho de Controle de Atividades Financeiras (COAF), órgão de inteligência financeira ligado ao Ministério da Fazenda e com outros órgãos de inteligência das Secretarias de Segurança Pública dos estados. Todas as atividades de inteligência estratégica no país estão submetidas a diversos órgãos de controle governamentais, como a Comissão de Controle das Atividades de Inteligência do Congresso Nacional (CCAI), a Câmara de Relações Exteriores e Defesa Nacional e a Secretaria de Controle Interno da Presidência da República (CISET).

De maneira geral, uma característica comum entre os serviços e agências de inteligência são os assuntos ou áreas temáticas que recaem em interesses semelhantes, com pequenos acréscimos, conforme a natureza dos problemas e ameaças enfrentados por este ou aquele país. Além das agências citadas, existem os serviços de inteligência militares, muito atuantes, com missões mais específicas como avaliar ameaças externas, acompanhar os avanços tecnológicos em Forças Armadas estrangeiras, detectar vulnerabilidades internas à segurança nacional e tratar de outros assuntos sensíveis relacionados.

As agências de inteligência governamentais

Como a inteligência habita um intrincado mundo de dissimulações, não está descartada a hipótese da existência de agências em diferentes países que ainda sejam desconhecidas do grande público, por serem de natureza ultrassecreta, constituindo um segredo de Estado. Como podemos avaliar, o tamanho e a complexidade dos serviços secretos dependem exclusivamente de dois fatores. O primeiro é o grau de vulnerabilidade que o país apresenta a ameaças externas (caso de Israel) e o segundo, e mais importante, refere-se a suas intenções de tornar-se uma liderança global com poder e influência sobre a política internacional ou de manter esse *status* (caso dos EUA e da Rússia).

Importante salientar que em regimes fechados, como eram os da antiga URSS e dos países da Cortina de Ferro, os serviços secretos não se constituem simplesmente em órgãos de produção de conhecimentos, mas principalmente, como lembra Faligot, constituem um dos pilares essenciais do poder, ao lado das Forças Armadas e do partido. Atualmente, esse é o caso da China, de Cuba e da Coreia do Norte.

Além das agências, existem outros órgãos de inteligência de natureza secreta compartilhados por diversos países, como o caso do polêmico Sistema Echelon, cuja expressão significa "estações". Trata-se de um sistema de vigilância mundial criado em 1970 e ampliado até a década de 1990, pelo acordo da chamada rede UK-USA, e que reunia sistemas britânicos e norte-americanos, focado na inteligência de sinais (SIGINT).

O sistema recorre a 120 satélites das redes Intelsat (International Telecommunications Satellite Organisation) e tem capacidade para decifrar dois milhões de mensagem por hora. O objetivo é interceptar e processar todas as comunicações internacionais que são originadas por satélites de comunicação ou oriundos de cabos submarinos, transmissões de rádio e da rede mundial de computadores por meio de diversas estações compostas por antenas gigantescas num sistema de triangulação. É operado pela Agência de Segurança Nacional (NSA) dos EUA, Grã-Bretanha, Austrália, Canadá e Nova Zelândia. Atualmente, Noruega, Dinamarca, Alemanha e Turquia também integram o sistema na qualidade de participantes. As informações obtidas no sistema são usadas para fins diplomáticos, militares e especialmente comerciais e econômicos, agindo em prol de empresas americanas na procura de novos contratos no exterior e promovendo, segundo seus princípios, o bem-estar econômico do Reino Unido em relação às ações ou intenções de pessoas de fora da Ilhas Britânicas.

Segundo um relatório divulgado pelo jornalista escocês Duncan Campbell, no ano de 2000, intitulado *The history, structure and function of the global surveillance system known as Echelon*, o sistema estava lendo as comunicações secretas de mais de 40 países, monitorando quase todas as nações do mundo, inclusive as que possuíam bases de antenas do sistema. Campbell revela, ainda, que entre os alvos da vigilância havia líderes de movimentos guerrilheiros africanos que mais tarde se tornariam os líderes de seus países. Com o tempo, muitos americanos proeminentes foram adicionados à lista. As comunicações internacionais da atriz Jane Fonda, de Benjamin Spock e de centenas de outros foram colocadas sob vigilância por meio de escutas telefônicas realizadas pelo FBI por sua oposição à Guerra no Vietnã ou em razão de suas atividades em apoio aos direitos civis nos EUA. As comunicações de seus colegas e amigos próximos também foram vigiadas. Outro relatório, produzido por órgãos de inteligência do Conselho Europeu de Investigação (CEI), comprovou que mensagens dos deputados da União Europeia eram espionadas constantemente.

Outro órgão de inteligência que centraliza informações é o conhecido como Grupo Egmont. Trata-se de um órgão de inteligência financeira que reúne mais de 100 países em uma rede de Unidades de Inteligência Financeira (UIFs) que realizam constantemente intercâmbio de informações, treinamento e troca de experiências tendo o objetivo de monitorar toda a movimentação financeira de pessoas, entidades e governos em todo o mundo. O foco principal é a identificação de crimes de lavagem de dinheiro e de recursos cometidos por grupos ou pessoas suspeitas da prática do terrorismo. O Brasil faz parte desse grupo internacional com a Comissão de Controle de Atividades Financeiras (COAFI), órgão ligado ao Ministério da Fazenda.

NOTA

[1] Após o término da Segunda Guerra Mundial, os serviços secretos de diversos países recrutaram ex-agentes da Gestapo e das SS experientes em atividade de espionagem e redes infiltradas na Europa. A CIA e a KGB estiveram entre os maiores recrutadores.

A corrida armamentista: as armas de destruição em massa

O fenômeno da corrida armamentista é um dos maiores exemplos da guerra secreta. Teve início com o lançamento das bombas atômicas sobre as cidades de Hiroshima e Nagasaki, no Japão, em 1945, cujo real objetivo era o de intimidar os soviéticos e retardar o avanço do comunismo. A partir de então, iniciou-se uma fase de rearmamento entre as principais potências mundiais para fazer frente à ameaça de uma guerra nuclear. Havia fortes indícios de que a URSS também estava formando seu arsenal de armas nucleares e, por essa razão, foi criada, em 1949, a Organização do Tratado do Atlântico Norte (Otan), liderada pelos EUA, com a participação da França, Grã-Bretanha, Canadá, Bélgica, Dinamarca, Islândia, Itália, Luxemburgo, Holanda, Noruega e Portugal.

Nesse mesmo ano, ocorreriam episódios marcantes que fomentariam ainda mais as disputas político-ideológicas com reflexos na esfera bélico-militar entre os dois blocos: os soviéticos realizaram com sucesso seu primeiro teste nuclear; o território alemão foi dividido, caracterizando o início do antagonismo entre os dois blocos recentemente criados; a China, após uma revolução e a tomada do poder por Mao Tsé-tung, tornou-se socialista. A partir de então, tanto EUA como URSS aceleraram suas pesquisas em tecnologia para o desenvolvimento de armas nucleares. Foram formadas alianças regionais. Instalaram-se bases militares em vários países. No ano de 1955, os soviéticos criariam o Pacto de Varsóvia, uma aliança entre os países do leste europeu sob a liderança da URSS para fazer frente à Otan. Fariam parte do pacto a Albânia, a Alemanha Oriental, a Bulgária, a Tchecoslováquia, a Romênia, a Polônia e a Hungria.

Em 1957, os soviéticos testaram os primeiros mísseis táticos de longo alcance e colocaram em órbita o primeiro satélite no projeto que ficou conhecido como Sputnik. A URSS demonstrava claramente estar na frente dos norte-americanos na corrida armamentista e assombrou o Ocidente com sua tecnologia. Um ano depois, em 1958, os EUA lançaram em resposta seu satélite Explorer e anunciaram a criação da Agência Espacial (Nasa) para desenvolver pesquisas com foguetes que pudessem carregar artefatos nucleares. Paralelamente, a competição para a instalação de bases para abrigar mísseis de longo alcance se agravou, culminando com a crise dos mísseis em Cuba em 1962.

A essa altura, a Inglaterra e a França já possuíam a bomba atômica e a China testava seu primeiro artefato no ano de 1964. A tecnologia nuclear já não era apenas do domínio das

A corrida armamentista

duas potências beligerantes, o que passou a ser uma preocupação constante da comunidade internacional inaugurando os movimentos pacifistas que se proliferaram pela Europa e EUA. A partir dessa década e até os anos 1970, aumentaria consideravelmente a influência da URSS sobre diversos países da Ásia, incluindo a Coreia do Norte e o Vietnã do Norte. Os conflitos regionais se intensificaram e, como estratégia para reter o avanço comunista, os Estados Unidos deram início à Guerra do Vietnã, cerca de uma década após terem se envolvido na Guerra da Coreia, pelos mesmos motivos.

No ano de 1968, foi assinado o Tratado de Não Proliferação de Armas Nucleares e, em 1972, o Strategic Arms Limitation Talks ou Acordo para a Limitação de Armas Estratégicas. No ano de 1991, outro tratado foi assinado, o de Redução de Armas Nucleares Estratégicas, com a finalidade de reduzir em 50% os arsenais que continham mísseis balísticos intercontinentais. Simultaneamente, era travada a guerra secreta de modo intenso, perpetrada pelos serviços secretos por meio da espionagem, da inteligência de sinais e de comunicações. Cada nação desejava conhecer a real dimensão dos arsenais nucleares e os novos tipos de armas que estavam sendo desenvolvidos, bem como a localização de bases militares e plataformas de mísseis intercontinentais de outras nações. Uma medida de autoproteção dissimulada, pois os tratados nunca foram cumpridos, ao contrário, as pesquisas foram incrementadas e foram surgindo novas armas mais letais e inteligentes, com controle e direcionamento de alvos mais aperfeiçoados.

Um dos episódios mais emblemáticos da Guerra Fria, e de certa forma alarmante, guardado com classificação secreta, veio a público somente em 1998. Os fatos ocorreram em 1983, quando uma falha em um dos satélites russos acionou o alarme no Comando Nuclear Serpukhov-15, que registrou no radar cinco mísseis dos EUA com dez ogivas nucleares vindo em direção ao território da URSS. O oficial de plantão no sistema de ataques balísticos soviético, Stanislav Petrov, resolveu não informar de imediato a seus superiores o ocorrido, pois suspeitava tratar-se de um alarme falso ocasionado por alguma falha no sistema. Caso tivesse informado, certamente haveria um contra-ataque como resposta, o que teria ocasionado uma guerra nuclear entre as potências. Foi aberta uma investigação sobre os fatos, Petrov foi duramente criticado por seus superiores e aposentado compulsoriamente. Porém, apurou-se posteriormente que, de fato, houve um defeito no alarme em razão da queima de detectores do satélite, pela luz do sol refletida nas nuvens.

No ano de 1983, os EUA lançaram um novo programa que ficou conhecido como "Guerra nas Estrelas". Tratava-se de um escudo balístico protetor contra o lançamento de mísseis ou outras armas disparadas de qualquer local. Como veremos mais adiante, tal programa constituía-se apenas em uma propaganda para os soviéticos, pois não havia nem esboços de projeto.

Mesmo com o fim da URSS em 1989, seus arsenais nucleares são bastante significativos e muitos países que faziam parte do bloco ainda mantêm seus estoques de armas nucleares intactos.

A Organização das Nações Unidas (ONU) intermediou, no ano de 1996, um novo tratado envolvendo EUA, Rússia, China, Reino Unido e França, os cinco primeiros países do chamado "Clube Atômico", que concordaram na proibição total de testes nucleares. Porém, foi mais um acordo não cumprido.

A corrida armamentista

Exemplos disso foram os testes nucleares subterrâneos realizados por três países que entraram posteriormente no clube: Índia e Paquistão em 1998 (cinco e seis explosões respectivamente) e Coreia do Norte em 2006, 2009 e 2013, num flagrante desrespeito às normas e ao direito internacional.

A Conferência Internacional que explorou o tema "Armas Nucleares e a Segurança Internacional no Século XXI" ratifica nossas conclusões quando afirma que cresce o risco de emprego de armas nucleares em conflitos locais ao passo que aumenta o número de países potencialmente nucleares:

> O armamento nuclear é encarado pela maioria dos países como se fosse a única garantia de salvaguardar a soberania nacional, especialmente no caso de um litígio com um país industrializado.

Uma questão polêmica é o programa nuclear iraniano e sua suposta intenção de desenvolver armas nucleares. Tal atitude acarretaria um nivelamento do poderio bélico no Oriente Médio, uma vez que somente Israel possui armas nucleares, o que lhe dá um domínio absoluto na região. Os objetivos estratégicos ligados à posse de armamentos nucleares estão mais no campo simbólico, porque estes servem principalmente como instrumentos de intimidação a qualquer ameaça que possa ser perpetrada por outras nações e não há propriamente real intenção de uso. Basta observarmos que crises internacionais são protagonizadas por potências nucleares que são manifestamente contra a intenção de outras potências de possuir a tecnologia de tais armas, e que, portanto, não são parte do seleto clube, mas desejam ser. Interessante ressaltar que Israel, Índia e Paquistão não aderiram ao Tratado de Não Proliferação de

Armas Nucleares (NPT) por considerarem uma medida sem sentido, uma vez que o tratado nega a novos países a possibilidade de obterem armas nucleares, mas acaba legitimando os que já as possuem.

Nessa conjuntura, outros países estão se capacitando para desenvolver esses tipos de armas, o que deverá enfraquecer especialmente a ONU, que fica desacreditada em seus esforços e campanhas em favor do desarmamento mundial. E à medida que surgem novos atores para integrar o "Clube Atômico", outros são estimulados a desenvolver armas nucleares para também participar desse clube. A maior preocupação é com relação ao acesso dessa tecnologia por atores não estatais, especialmente grupos terroristas islâmicos e do crime organizado que não possuem nenhum controle e não hesitariam em utilizar tais armas contra qualquer país ou grupo que não atenda seus interesses.

Mas a corrida armamentista não está relacionada apenas a armas nucleares. Existe outra categoria que apresenta a mesma letalidade: as armas químicas, biológicas, que já foram usadas na Guerra do Vietnã (como o chamado agente laranja), e também por Saddam Hussein contra a população curda. A proibição de seu uso vem desde a Primeira Guerra Mundial, quando ficaram evidentes seus efeitos nas trincheiras de ambas as potências beligerantes que aplicaram o gás mostarda, o qual causava a morte por sufocamento.

Há, contudo, indícios de que as pesquisas para a descoberta de novos agentes químicos e bacteriológicos (AQB) para uso militar apresentam franco crescimento em vários países. O fator econômico é a principal motivação, pois as AQB apresentam um custo bem inferior em relação às demais armas e, no caso de armas biológicas, provocam uma destruição massiva tão ampla quanto aquela causada pelo uso de uma arma nuclear. Em seu artigo "Guerra biológica", Tutunji cita uma estimativa do Comitê de Experts das Nações Unidas apresentada em 1969 que aponta as vantagens em termos de custos da utilização das AQB contra populações civis. Segundo a pesquisa, os valores são de US$ 1/km^2 para armas biológicas, US$ 600/km^2 para armas químicas, US$ 800/km^2 para armas nucleares e US$ 2.000/km^2 para os armamentos convencionais.

Para se ter uma ideia do poder de destruição de uma arma biológica, segundo estimativa da Organização Mundial da Saúde (OMS) feita no ano de 1970, uma tonelada de bacilo do carbúnculo (*Bacillus anthracis*) equivale a três bombas atômicas como as que foram lançadas em Hiroshima e Nagasaki ao final da Segunda Guerra Mundial. As consequências do uso de AQB são devastadoras em qualquer região densamente povoada, podendo dizimar populações inteiras sem causar danos às estruturas das cidades.

Essas armas são desenvolvidas em instalações secretas, independentemente dos tratados assinados na ONU contra a sua proliferação, e não se sabe ao certo quantas nações possuem tais arsenais. Junto com os arsenais nucleares, são assuntos considerados segredo de Estado.

Na última década, diversos países vêm modernizando suas forças armadas. A China, por exemplo, lançou em 2013 seu primeiro porta-aviões, dois modelos de caças de quinta ou sexta geração e bombardeiros de longo alcance, além de modernos carros de combate e fragatas. A Federação Russa desenvolve tecnologia para a construção de novos submarinos nucleares, dentre outras armas, e estuda novas bases para sua marinha de guerra.

A Índia, por sua vez, substituirá seus helicópteros militares por modelos russos e já desenvolveu um submarino nuclear, o INS Arihant, além de realizar inúmeros testes secretos com mísseis de médio alcance (cerca de 5.000 km). Israel adquiriu em 2012 submarinos da Alemanha e há indícios de que esteja instalando mísseis nucleares, enquanto a Coreia do Norte realiza testes atômicos.

De outra forma, a indústria bélica movimenta bilhões de dólares por ano e necessita vender armas a qualquer país que tenha suporte financeiro para tais aquisições. No conflito da Síria, a Rússia vendeu armas ao regime de Bashar, enquanto os EUA forneceram armas ao Exército Livre da Síria. Em outras oportunidades algumas nações chegaram a fomentar em outros países conflitos internos para criar novos mercados para suas indústrias de armamentos.

Na América Latina, a situação não é diferente. A compra de armamentos russos pela Venezuela, a modernização das forças armadas da Colômbia com tecnologia dos EUA e a instalação de bases militares com participação de efetivos do Exército e da Força Aérea estadunidenses na Colômbia e no Paraguai são vistas com preocupação pelos demais países latino-americanos, especialmente o Brasil. Diante desse panorama, o país vem demonstrando interesse em adquirir baterias de mísseis antiaéreos russos Igla-S e sistemas antiaéreos Pantsir-S, um submarino nuclear e novos caças, buscando um maior equilíbrio de forças.

A corrida armamentista vem se desenvolvendo de uma forma mais discreta, diferentemente do que ocorria nas décadas de 1960 a 1990, em que as duas principais potências faziam questão de mostrar a seus oponentes suas inovações na área. E por

A corrida armamentista

não possuírem mais a exclusividade nessas tecnologias, o quadro mudou radicalmente. Os testes nucleares da Coreia do Norte, o programa nuclear iraniano, a modernização bélica chinesa, a intenção da Coreia do Sul em possuir armas nucleares, a nova frota russa, tudo isso são alguns exemplos de que a corrida armamentista ainda não terminou e parece que perdurará por décadas.

E nesse quadro, os órgãos de inteligência governamentais, novamente presentes, desenvolvem um papel crucial no levantamento de futuras ameaças à soberania de seus países, avaliando o potencial bélico de outras nações, suas intenções, e elaborando estimativas de futuros conflitos. Simultaneamente, crescem as ações de espionagem industrial e tecnológica na busca pelos segredos no desenvolvimento de tais armas.

Os segredos e as mentiras de Estado

Todas as nações do planeta guardam documentos que expõem como foram tratadas as questões de interesse estratégico, em todos os campos do poder nacional, além de operações clandestinas realizadas sob os mais variados pretextos e erros praticados por diversas fontes, que comprometeriam a imagem institucional dos envolvidos e de seus governos. Esses documentos recebem uma classificação sigilosa em quatro categorias: ultrassecretos, secretos, confidenciais e reservados, de acordo com o teor de cada um ou de elementos intrínsecos. São arquivados por determinado tempo, alguns de forma permanente, sem possibilidade de acesso. As finalidades da salvaguarda desses registros são múltiplas, como a proteção dos interesses estratégicos do país e de seus colaboradores, a preservação de determinada visão da história nacional, e a não exposição de governos que possam ter participado de determinadas ações secretas para não sofrerem possíveis consequências dessa participação. Esses arquivos, considerados de natureza secreta, estão armazenados em locais desconhecidos e se tornam alvo de grandes disputas. Trata-se de um troféu valiosíssimo para qualquer nação que os obtenha, pois retratam minuciosamente como funcionam os bastidores da complexa rede da política internacional, registrando as verdadeiras intenções de seus protagonistas.

Como afirma Farago:

> os países recorrem a extremos para esconder seus assuntos privados. Sigilo foi transformado em instituições misteriosas que montaram técnicas intrincadas para proteger seus segredos. Sancionaram leis severas a fim de salvaguardá-los. Os EUA têm um complexo sistema de leis de espionagem e normas de segurança. A Inglaterra possui sua Ata de Segredos Oficiais desde 1889. Um artigo da Constituição Soviética descrevia a guarda de segredos como dever fundamental de todo o cidadão [o que ainda é observado na nova Constituição da Rússia]. As nações, em geral, classificam seus assuntos secretos em plano tão alto como o da vida humana, e frequentemente punem com a morte ou prisão perpétua os traidores que ousam revelar estes assuntos.[1]

Nesse particular o Brasil, a exemplo de outros países, possui uma legislação para a salvaguarda de assuntos sigilosos: o Regulamento para Salvaguarda de Assuntos Sigilosos (RCA-205-1) que padroniza os procedimentos adotados com fatos, informações, material, documentos e instalações de caráter secreto. A redação desse Regulamento esclarece os pontos e prioridades considerados para a obtenção de sua classificação. São passíveis de classificação como ultrassecretos dados ou informações referentes à soberania e à integridade territorial nacionais, aos planos e às operações militares, às relações internacionais do país, aos projetos de pesquisa e aos desenvolvimentos científico e tecnológico de interesse da Defesa Nacional e aos programas econômicos, cujo conhecimento não autorizado possa acarretar dano excepcionalmente grave à segurança da sociedade e do Estado. São classificados como secretos, dentre outros, dados ou informações referentes a sistemas, instalações, programas, projetos, planos ou operações de interesse da Defesa Nacional, a assuntos diplomáticos e de inteligência e a planos ou detalhes, programas ou instalações estratégicas, cujo conhecimento não autorizado possa acarretar dano grave à segurança da sociedade e do Estado. São considerados confidenciais dados ou informações que, no interesse do Poder Executivo e das partes, devam ser de conhecimento restrito, cuja revelação não autorizada possa frustrar seus objetivos ou acarretar dano à segurança da sociedade e do Estado. São passíveis de classificação como reservados dados ou informações cuja revelação não autorizada possa comprometer planos, operações ou objetivos neles previstos ou referidos.

Na disputa por arquivos secretos, há muitos episódios históricos. Em 1940, ao invadir a França, as tropas nazistas se apoderaram dos arquivos secretos do Estado-Maior francês, o que acabou comprometendo a Inglaterra, pois continham planos e acordos de resistência e futuras operações militares destinadas a frear o avanço de Hitler na Europa. As tropas aliadas, ao final da guerra, também se apoderaram dos arquivos do Ministério do Interior da Alemanha. Entre as preciosidades encontradas estavam esboços de um protocolo datado de 1940, do Departamento Governamental da Rússia, assinado pela Alemanha e URSS, ainda amigas, no qual os soviéticos afirmavam que o ponto principal de suas aspirações estava na direção do Golfo Pérsico, especificadamente na Turquia e Bulgária. Em determinado trecho do protocolo aparece a seguinte frase: "Caso a Turquia recuse juntar-se às quatro potências, Alemanha, Itália, Japão e União Soviética, estas acordam em levar a efeito as necessárias medidas diplomática e militares". Esse protocolo revela as aspirações dissimuladas de Stalin em aumentar seu poder aliando-se à Alemanha nazista.

Também digna de registro foi a corrida entre EUA e URSS pelos milhares de dados armazenados pela Gestapo e pela Abwehr ao longo da Segunda Guerra Mundial, o que proporcionou a identificação de importantes colaboradores e inimigos potenciais, apontando tendências e possíveis ameaças à próxima fase política que seria implementada na Europa. A rede de espionagem montada por esses órgãos na Europa e em outras regiões, incluindo a URSS, foi tão ampla, complexa e especializada, que grande parte de seus antigos agentes foram recrutados para trabalharem tanto para a CIA como para a KGB.

Ou ainda, a corrida pela posse dos milhares de documentos armazenados pela Stasi, a polícia secreta e de inteligência da antiga República Democrática Alemã (RDA), os quais expunham operações clandestinas na Europa e a rede de espionagem soviética com seus colaboradores. Muitos desses documentos foram queimados por seus próprios agentes em 1989 pelo comprometimento que trariam a estes e aos países alinhados. A maior parte foi recuperada pela população que invadiu as instalações da Stasi durante a crise e não permitiu sua queima total, embora já houvesse 45 milhões de páginas picotadas pelos agentes. Atualmente, esses documentos encontram-se em arquivos na Alemanha à disposição para consultas públicas. Uma pequena parte deles, tornados públicos em 2001, datados do ano de 1973, comprova que a Stasi tinha ordens de atirar para matar pessoas que procuravam fugir do regime comunista alemão pelas fronteiras ou em túneis cavados próximo ao muro de Berlim. Em 2006, vazou para a imprensa alemã que o grupo criado para gerenciar os arquivos da Stasi, denominado de Comissariado Federal para os Arquivos da Stasi (BStU), havia sido infiltrado por vários de seus antigos ex-agentes. Um relatório confidencial elaborado no ano de 1993, obtido pelo WikiLeaks[2] em 2007, comprovou que foram contratados, a partir de 1990, cerca de 79 ex-membros da extinta organização com base em suas "experiências e qualificações", especialmente militares, agentes cujo trabalho era a inteligência operativa, e ex-oficiais de alta patente, empregados como pesquisadores especiais que tratavam diretamente com os arquivos sensíveis do período de 1950 a 1989.

Outra informação obtida dos arquivos secretos da NSA, desclassificados em 2006 e desde então disponíveis para consulta pública, se refere ao plano do governo estadunidense na década de 1950, caso o país fosse atacado em seu território pela URSS, mesmo que acidentalmente ou por meio de armas convencionais. O plano determinava um ataque nuclear simultâneo e imediato contra a URSS e a China, mesmo que um desses países não estivesse envolvido no ataque.

Mais recentemente, com a desclassificação do documento secreto (NSPD-59) chamado de Diretiva Presidencial 59, assinado pelo presidente Jimmy Carter em 1980, descobriu-se também que havia outro plano que contemplava, entre outras ações, um ataque nuclear preventivo contra a antiga União Soviética como forma de obter o desarmamento daquele país. O documento continha também estimativas do tamanho de área devastada, número de vítimas e tempo de reação das forças armadas. Aqui, podemos constatar que o conceito de guerra preventiva não se constitui em uma nova estratégia dissuasiva como acreditávamos nos anos de 2002/2003.

Mas nem todos os arquivos secretos que contêm segredos de Estado são governamentais. Alguns destes são de natureza pessoal, embora tenham sido montados em razão do cargo ocupado, o que se constitui em grave erro e uma falha da contrainteligência, que, como vimos, é a área responsável pela segurança da documentação sigilosa. Revelam informações de Estado ou situações envolvendo empresas privadas, órgãos de governo e personalidades públicas. O maior exemplo é o arquivo pessoal de Edgar Hoover, o lendário diretor do FBI por 48 anos, falecido em 1972, o qual nunca foi encontrado.

Nos arquivos das memórias de Nikita Kruschev, revelados na década de 2000, veio a público alguns episódios interessantes da Guerra Fria. Dentre eles, destacam-se os que se referem à Crise dos mísseis em Cuba. Em uma mensagem codificada, datada de 27 de outubro de 1962, o líder cubano Fidel Castro solicitava a Nikita que lançasse um ataque nuclear contra os EUA, alegando que a inteligência cubana havia detectado uma invasão militar iminente dos norte-americanos às ilhas, fato desconsiderado pelos soviéticos, que já monitoravam a situação. Ainda nesse episódio, o embaixador soviético Alexandre Alexeyev relatava a Kruschev em relatório confidencial que Fidel, apreensivo com o desenrolar da crise, pedia insistentemente uma vaga no abrigo antibombas existente na embaixada da URSS em Cuba. Após a crise, Fidel visitou Moscou, momento em que conheceu instalações de mísseis balísticos nucleares, compreendendo a devastação que pode ser ocasionada pelo uso de armas dessa natureza.

Não de menor importância são os arquivos pessoais de Osama bin Laden, líder da rede terrorista Al Qaeda, capturados pelos SEAL (Sea, Air, Land Teams – membros das unidades de operações especiais da Marinha dos EUA, com atuação em terra, mar e ar) na Operação Gerônimo, em maio de 2011. Além de documentos tradicionais, os mais cobiçados são os que revelam intenções veladas e formas não convencionais de tratar dessas questões, que, não raras vezes, incluem manipulação de dados, intrigas, espionagem, chantagens e traições. Uma diversidade de assuntos sensíveis capazes de destruir reputações, romper relações diplomáticas, depor governos e, em alguns casos, iniciar uma guerra. Por essa razão, seu conteúdo torna-se extremamente valioso para quem participa das relações de poder tanto para se beneficiar das informações acessadas como para destruí-las, apagando-as da história em seu próprio interesse.

Os arquivos secretos de Saddam Hussein, por exemplo, são ainda procurados avidamente pelos serviços de inteligência. Alguns afirmam que estariam em Moscou enquanto se especula que poderiam ter sido transferidos para a Síria, logo após a invasão do país pelas tropas da coalizão em 2003. Neles, há relatos de planos detalhados de preparação da guerra contra o Irã, autorização e planejamento do uso de armas químicas contra a população curda, acordos e colaboração realizados com diversos países, relações com grupos terroristas, agentes de espionagem atuando no exterior, colaboradores e milhares de outras informações.

A Síria é outro exemplo de país com muitas histórias neste particular. Embora negue veementemente, abrigou, treinou e financiou durante a Guerra Fria diversos grupos terroristas que atuaram na Europa na década de 1970, com o apoio da extinta URSS. Realizou, com base em seu território, inúmeras operações clandestinas com o objetivo de desestabilizar a governança de alguns países da região com os quais mantinha boas relações. Recentemente, documentos vazados pelo site WikiLeaks trouxeram a público que o presidente sírio Bashar al-Assad, embora tenha firmado acordos com os EUA, continuava a fornecer sofisticadas armas ao Hezbollah, à *jihad* islâmica e ao braço armado do Hamas na Faixa de Gaza, desde 2006.

O Vaticano possui um arquivo secreto contendo cerca de 35 mil volumes distribuídos em 84 km de prateleiras retratando toda a história da Igreja Católica desde o ano de 1610. Os registros são decretos, cartas, processos da Inquisição e outros documentos de grande valor histórico. Dependendo do tipo de informação que contêm, torna-se acessível ao público após 75 anos, enquanto outros estão vetados permanentemente. O conteúdo desses documentos sempre despertou em diferentes épocas as mais diversas teorias, especialmente as conspiratórias, como o assassinato de papas pela própria Igreja Católica, a revelação do terceiro segredo de Fátima e até informações sobre o fim do mundo. Provavelmente, deve haver registros detalhados dos verdadeiros motivos que levaram o papa Bento XVI a renunciar ao papado e outros escândalos inimagináveis à comunidade católica.

Outro segredo de Estado de grande interesse para pesquisadores, imprensa e organizações não governamentais são os arquivos secretos da Força Aérea dos EUA (USAF), especificamente aqueles que podem conter supostas informações sobre o incidente em Roswell, no Novo México/EUA, onde em 1947 a Força Aérea teria capturado destroços de um suposto disco voador caído na região, bem como se apossado dos corpos de seus ocupantes, fato sempre negado pelos militares, que alegam tratar-se de destroços de um balão meteorológico. Nesse particular, todos os registros que estejam relacionados a objetos voadores não identificados são tratados como segredos de Estado. A origem do termo "OVNI" remonta ao final da Segunda Guerra Mundial, quando milhares de cientistas alemães, assim como seus projetos e protótipos de novas aeronaves com contornos anatômicos e aerodinâmica nunca vistos, foram levados aos EUA onde passariam a desenvolvê-los em bases secretas da Força Aérea. As principais pesquisas se concetravam em torno da decolagem vertical e antigravidade, com modelos que já haviam sido testados em instalações secretas na Alemanha e Polônia. Consequentemente, na década de 1950, aumentou consideravelmente o avistamento desses protótipos em cidades norte-americanas, em razão dos testes realizados pelos militares. Para manter em segredo a nova tecnologia, o governo fomentou na opinião pública o aparecimento de OVNIs que teriam vindo do espaço. E para ajudar a reforçar essa teoria, diversos filmes sobre alienígenas foram produzidos em Hollywood desde aquela época.

A América Latina também tem seus segredos. Os arquivos das FARC, por exemplo, ao serem encontrados na posse do comandante Raul Reyes, morto em 2008 no Equador, e analisados pelo Instituto Internacional de Estudos Estratégicos (IISS), revelaram questões comprometedoras do grupo com países sul-americanos, especialmente com o Brasil, Venezuela e Equador. O material apreendido continha 5.700 mensagens de e-mails registradas desde o ano de 2001, trocadas entre a guerrilha e representantes de governos, o que comprova as relações próximas da organização com estes países. Pela análise dos e-mails, concluiu-se que as FARC recebiam apoio governamental velado para as suas lideranças, realizavam operações e treinamento de milícias, tendo doado recursos financeiros para campanhas políticas, além de realizar compra de armas e envolver-se com cartéis e organizações criminosas ligadas ao narcotráfico. Foi revelado, ainda, que em 2007 o grupo teve acesso a urânio enriquecido, combustível para armas nucleares, e que pretendia vender à Venezuela por 6 milhões de dólares o quilo.

Sobre os arquivos secretos, Mearsheimer afirma que o sigilo é uma ferramenta consagrada para o desenvolvimento de armas e estratégias que podem oferecer a um país vantagens sobre seus rivais. E essa seria uma das causas do porquê os líderes mundiais mentirem uns para os outros.[3] E, de fato, algumas revelações dessas mentiras, ou o que se define na inteligência como dissimulação, foram particularmente explosivas, enquanto outras tiveram uma repercussão menor pelo grande intervalo de tempo passado entre o fato ocorrido e sua divulgação. Citamos a seguir apenas alguns casos de dissimulações, que se tornaram decisivas em diferentes momentos históricos, quando foram utilizadas por governantes como ferramenta para chancelar suas intenções com o apoio da opinião pública e da classe política.

Hoje, sabemos que os dirigentes da Alemanha encobriram o fato de que seu Exército recebeu treinamento dos soviéticos na URSS entre 1922 a 1933, o que se constituía em um desrespeito às normas do Tratado de Versalhes. Em 1939, Hitler divulgou ao povo alemão a notícia de que ocorrera um ataque polonês às instalações de uma emissora de rádio alemã na cidade de Gleiwitz. Essa agressão da parte da Polônia nunca ocorreu de fato. A divulgação da informação falsa fez parte de um plano elaborado pelo próprio serviço secreto alemão, no qual agentes da SS eram os verdadeiros protagonistas do ataque. Tal mentira serviu de pretexto para a invasão da Polônia pela Wehrmacht.

Outro caso de dissimulação aconteceu quando ocorreu o incidente com o destróier USS Greer, da classe Wicker, dos EUA, em 1941, próximo à Noruega. Um bombardeiro britânico informou ao destróier que havia detectado um submarino alemão nas proximidades e que havia lançado cargas de profundidade, atacando-o. O submarino, pensando que o ataque partira do destróier, disparou um torpedo na direção dele, o que foi respondido com 19 cargas de profundidade. Posteriormente, foi disparado mais um torpedo e o submarino se retirou do local não havendo danos ou mortes. O presidente Franklin Delano Roosevelt aproveitou a situação e divulgou à imprensa que um de seus navios de guerra havia sido deliberadamente atacado pelos alemães, pretendendo apresentar um pretexto à opinião pública estadunidense no sentido de esta apoiar a entrada imediata dos EUA na Segunda Guerra Mundial. O detalhe é que o fato ocorreu antes do ataque japonês à base naval de Pearl Harbor, acontecimento que determinou o apoio maciço da opinião pública e do Congresso à participação dos americanos na guerra.

Como já mencionado anteriormente, a verdade sobre a derrubada de um avião U-2 espião da CIA em território soviético, em 1960, que observava e registrava por imagens os locais de bases secretas foi sonegada. Após o incidente, o presidente Eisenhower e a Casa Branca divulgaram tratar-se de uma aeronave de pesquisas da Nasa, apresentando à imprensa um modelo semelhante com pinturas da Agência Espacial na fuselagem.

O incidente com o destróier USS Maddox no golfo de Tonkim em 1964 é outro exemplo de dissimulação muito semelhante, cujos documentos secretos relatando o episódio foram liberados apenas no ano de 2005. O Maddox encontrava-se a oito milhas náuticas da costa do Vietnã do Norte quando detectou três barcos de patrulha daquele país se aproximando da embarcação. Solicitou apoio à 7ª Frota disparando contra estes, enquanto simultaneamente caças F-8E vindos do porta-aviões Ticonderoga destruíram parcialmente esses barcos. Os EUA protestaram quanto a este suposto ataque não provocado e reforçaram a região do golfo com mais dois contratorpedeiros. Em 4 de agosto, às 22h, os contratorpedeiros receberam um informe da inteligência de imagens, que monitorava toda a região, de que três outros barcos de patrulha norte-vietnamitas que se encontravam operando na ilha Hon estavam retornando da missão. Os dois navios da Marinha norte-americana giraram nas águas em uma manobra de dissimulação para se defenderem de possíveis torpedos enquanto disparavam a esmo. Esses giros, em alta rotatividade, criaram no sonar a impressão de um ataque com torpedos, situação que foi registrada em relatório da Agência de Segurança Nacional (NSA) como sendo contra navios da Marinha dos EUA. Por esse episódio, naquela mesma noite, o presidente Johnson determinou um bombardeio aéreo a todas as bases norte-vietnamitas dando início à Guerra do Vietnã. Posteriormente, os relatórios foram de novo analisados e concluiu-se que tal situação não havia ocorrido. Era tarde demais para voltar atrás e difícil de divulgar para a imprensa este grotesco erro de avaliação. A notícia apresentada ao público foi um ataque não provocado, realizado contra navios da Marinha por barcos de patrulha norte-vietnamitas, no golfo de Tonkim. Omitiu-se que foram os próprios norte-americanos que haviam atirado primeiro, além de terem simulado a agressão.

Os segredos e as mentiras de Estado

O mais recente caso que conhecemos foi o dos relatórios de inteligência manipulados que davam conta da existência de arsenais de armas químicas e biológicas no Iraque em 2003, o que serviu de pretexto para a invasão daquele país por tropas norte-americanas e de uma coalizão, resultando na derrubada do regime de Saddam Hussein há muito desejada. Cinco anos após o início da guerra, e já no seu segundo mandato na Casa Branca, o presidente George W. Bush admitiu em termos de confissão que o fato mais lamentável de seu governo foi a informação equivocada de que havia armas de destruição em massa no Iraque e de que Saddam Hussein nada teve a ver com o 11 de Setembro.

Para se ter uma ideia do conteúdo explosivo de alguns documentos secretos, podemos recordar o episódio ocorrido em 2011, quando do vazamento na internet de Relatórios de Inteligência, registros de incidentes e descrição de ataques inimigos, relacionados à Guerra do Afeganistão, no período de janeiro de 2004 a dezembro de 2009. Estes revelam um grande número de mortes de civis, muito acima do divulgado, pelas tropas da coalizão, a maioria delas acobertadas e classificadas como erro de avaliação ou por motivo de "balas perdidas". Havia, ainda, planos para exterminar líderes extremistas do Talibã e da rede Al Qaeda e operações das Forças Especiais contra insurgentes com a eliminação deliberada destes, sem julgamento. Uma das mais importantes revelações foram os fortes indícios levantados por ações de espionagem, da participação do Paquistão e do Irã no apoio aos insurgentes extremistas, por meio do Serviço Secreto Paquistanês (ISI), que incentivava a liderança Talibã a lutar contra as forças da Otan. Outro detalhe é que o governo do Paquistão recebia dos EUA à época uma verba de um bilhão de dólares por ano como auxílio para combater esses mesmos grupos.

Mas os segredos não estão materializados apenas em documentação. Instalações também fazem parte deste contexto, especialmente as militares e civis que tratam do desenvolvimento de novas tecnologias como armamentos, veículos, aeronaves, centrais nucleares com objetivos militares, laboratórios de armas químicas, biológicas e radiológicas, centros de estudos e pesquisa, bases militares com mísseis estratégicos e centros aeroespaciais.

Um relatório da ONG Open Society divulgado em janeiro de 2013, com o título "Globalizing Torture: CIA Secret Detention and Extraordinary Rendition", afirma que 54 países teriam colaborado com a CIA na detenção, transporte e interrogatório de pessoas suspeitas da prática de terrorismo após o 11 de Setembro, até mesmo abrigando prisões secretas em seus territórios, que seriam os casos de Tailândia, Romênia, Polônia e Lituânia.

Entre os países citados no documento estão Bélgica, Dinamarca, Canadá, Argélia, Áustria, Bósnia-Herzegovina, Croácia, Finlândia, Alemanha, Irlanda, Reino Unido, Espanha, Itália, Afeganistão, Iêmen e Zimbábue. Muitas das prisões ocorreram indevidamente, sem provas, apenas suspeitas, e alguns países como o Canadá, Austrália, Suécia e Reino Unido chegaram a pagar indenizações a alguns presos como reparação a torturas sofridas por estes nos interrogatórios. Ainda segundo denúncia do relatório, "ao participar dessas operações, esses governos violaram o direito interno e internacional e violaram as regras contra tortura", que é "não somente ilegal e imoral, mas também ineficaz para reunir informações confiáveis".[4]

Há uma comissão do Senado norte-americano que investiga a questão, especialmente o emprego de técnicas de interrogatório consideradas questionáveis, cujo relatório é confidencial.

Alguns desses segredos possuem um ingrediente especial, o que os tornam ainda mais ultrassecretos. Conquanto a maioria das nações assinaram termos, protocolos e aderiram a Convenções da ONU sobre proibição de desenvolvimento e fabricação de armas de destruição em massa, tanto químicas e bacteriológicas como arsenais nucleares, esses mesmos países continuam aperfeiçoando tais armas em laboratórios localizados em instalações secretas.

Um dos maiores exemplos é o da Área 51, no estado de Nevada-EUA, um complexo subterrâneo com laboratórios de pesquisas cuja existência só foi confirmada em 1994. O local é considerado uma das principais bases secretas, relacionadas a armas nucleares, químicas, bacteriológicas e hidrogênicas.

Da mesma forma, na Federação Russa, existem diversas instalações ultrassecretas herdadas da Guerra Fria e que se encontram em pleno funcionamento. Segundo relatórios da CIA, as duas principais bases estão localizadas nos Montes Urais, na Sibéria: a montanha de Yamantau que abriga mísseis balísticos e o laboratório de armas nucleares Chelyabinsk-70; outra suposta base estaria localizada nos subterrâneos da montanha Kosvinsky, onde estariam baseadas as Forças Estratégicas de Foguetes da Rússia.

O tamanho e a complexidade dos arquivos secretos de um Estado dependem de diversos fatores: da história do país, da extensão e da amplitude de seus órgãos de inteligência, variando de acordo com o volume de documentos produzidos e da intensidade de sua participação na política internacional, particularmente no que diz respeito a interesses estratégicos. É certo que algumas dessas informações mantidas em segredo, se divulgadas, poderiam auxiliar em uma melhor compreensão das relações humanas e do funcionamento do mundo nos últimos séculos, mas também criar barreiras intransponíveis entre povos e nações. Por enquanto, a única certeza que temos é que nunca saberemos ao certo se o conteúdo dos arquivos secretos é formado de desinformação, propaganda ou contrapropaganda.

NOTAS

[1] Ladislau Farago, *O mundo da espionagem*, tradução de Almira Guimarães, Rio de Janeiro, Dinal, 1966. As citações deste capítulo se encontram, na sequência, nas páginas 144 e 100.

[2] O relatório pode ser acessado no site: <http:/wikileaks.org/wiki/Stasi_still_in_charge_of_Stasi_files>. Entre os documentos recuperados estão os que comprovam que a Stasi colaborou com a KGB para espalhar a notícia de que os EUA haviam criado o vírus HIV e que a KGB deu a ordem para que agentes búlgaros assassinassem o papa João Paulo II, reconhecido crítico aos problemas de direitos humanos no bloco soviético.

[3] A obra *Por que os líderes mentem* é um estudo realizado por John J. Mearsheimer, reconhecido professor de Ciência Política da Universidade de Chicago, que faz uma análise sobre o uso da mentira como ferramenta de governo, avaliando que em alguns casos ela pode ser útil estrategicamente.

[4] Relatório do Open Society Institute, p. 126. Disponível em: <http://www.opensocietyfoundations.org/sites/default/files/globalizing-torture-20120205.pdf>. Acesso em: 8 jul. 2013.

Operações psicológicas, propaganda, desinformação e jornalismo investigativo

Os processos de comunicação são indispensáveis em determinadas áreas da inteligência, notadamente os direcionados à opinião pública. A propaganda[1] foi utilizada pelos principais exércitos da Antiguidade com a intenção de intimidar o inimigo ou provocar nele reações favoráveis aos objetivos do propagandista. O maior exemplo disso é quando os romanos divulgavam seus feitos em batalha, sua coragem, disciplina, dizendo possuírem as maiores e mais sofisticadas armas que os demais. Os exércitos de Napoleão, os da Alemanha nazista e dos EUA seguiram esse modelo, criando uma mística guerreira em torno de si, o que ocorreu também em relação a alguns serviços secretos como a CIA e o Mossad. Praticamente todos os serviços de inteligência utilizam técnicas de propaganda e desinformação, chamadas de operações psicológicas, cujos principais fundamentos são a influência sobre ideias e conceitos e a indução de comportamentos no público-alvo, seja amigo, inimigo ou neutro. Uma das ferramentas frequentemente utilizadas para esse tipo de operação é a propaganda. Define-se como propaganda:

> a manipulação planejada da comunicação influindo psicologicamente em grupos sociais pela persuasão, visando obter comportamentos predeterminados que beneficiarão, direta ou indiretamente, o seu patrocinador.[2]

O U.S. Army, em doutrina preconizada pela Escola Especial de Guerra, em Fort Bragg, a conceitua como sendo o uso planejado de qualquer tipo de informação, ideias, doutrinas, medidas especiais e formas de comunicação para influenciar mentes, opiniões, emoções, atitudes e comportamentos de um grupo determinado para um propósito específico.

Muita propaganda foi feita principalmente durante a Segunda Guerra Mundial, com panfletos jogados de aviões no campo de batalha ou arremessados pela artilharia exortando os combatentes inimigos a abandonarem a luta e voltarem para seus entes queridos e países de origem. Esses panfletos obtiveram alguns efeitos psicológicos negativos no ânimo das tropas. Filmes de curta duração foram feitos pelos alemães mostrando soldados mal uniformizados, pertencentes às colônias francesas que estavam defendendo a França, comendo galinhas vivas e praticando danças tribais. Até a Força Expedicionária Brasileira na Itália foi alvo de propaganda no intuito de desmoralização. A seguir, reproduzimos o conteúdo de um dos panfletos lançados pelos alemães contra as tropas brasileiras:

> Brasileiros! A ITÁLIA, O INFERNO DE SANGUE, continuará a chupar o vosso sangue, como já sucedeu em Bombiana e Abetaia. O impiedoso frio invernal continuará a apoquen-

tar-vos. Desde o dia 16 de dezembro a Alemanha encontra-se novamente no ataque. Nove divisões americanas foram para o diabo na frente ocidental, nestes últimos dias. E, além disso, ainda mais 1.000 carros blindados. O que vos espera na Itália, ainda vocês verão. A GUERRA CONTINUA.[3]

À medida que especialistas dos Aliados estudavam a propaganda inimiga, tinham condições de deduzir a diretiva na qual estava baseada e o moral de seu pessoal civil e militar. Richard Grossman, considerado um mestre da propaganda aliada, durante a Segunda Guerra, afirmava:

> um propagandista brilhante é aquele que diz a verdade, ou aquela seleção da verdade que é útil aos seus propósitos, e o diz de forma tal que o público não percebe que está recebendo propaganda. A substância central da propaganda é a informação concreta e correta, pois a verdade compensa.[4]

O exemplo contrário dessa opção pode ser encontrado nos discursos do ministro da Propaganda nazista, Joseph Goebbels, o qual afirmava:

> o propagandista tem que construir sua própria verdade. O que for útil ao progresso do partido é verdade. Se coincidir com a verdade real, tanto melhor. Se não coincidir, será preciso fazer adaptações.[5]

No caso da inteligência, a propaganda geralmente é construída para atingir objetivos restritos. É utilizada também como ferramenta de desinformação, por meio de jornais e revistas, livros, história em quadrinhos, programas de rádio e TV, filmes, boletins radiofônicos, falsos perfis em redes sociais, blogs e páginas na internet.

Quanto à identificação da origem é classificada em três categorias: a branca, que não oculta a sua origem; a negra que cria outra origem diferente da verdadeira; e a cinza, que não revela a origem. Quanto às técnicas, as mais utilizadas são a da vitória inevitável (exploram-se as vantagens do produto e baseia-se no desejo das pessoas, consciente ou não, de estar ao lado do(s) vencedor(es) ou da maioria), insinuação (sugerem-se ideias conduzindo o raciocínio do público-alvo ao apelo do propagandista sem impô-lo de forma explícita) e ataque pessoal (apela-se para aspectos pejorativos, obscenos e difamatórios com o intuito de estimular o ódio, descrenças e preconceitos, que é o caso de alguns tipos de caricaturas).

Durante a Guerra Fria, a inteligência dos EUA patrocinava a rádio Voz da América, para difundir propaganda favorável aos interesses norte-americanos às Américas Central e Latina, enquanto a Rádio Free Europe e Liberty a difundia na região da Europa Ocidental. A URSS instrumentalizava a sua propaganda pela Rádio Moscou, veículo de comunicação oficial do governo, e por meio da Rádio Paz e Liberdade. Possuía, também, diversos centros de ensino destinados a estrangeiros, locais onde seus frequentadores eram bombardeados com propaganda e desinformação com fins ideológicos. O mais conhecido desses centros foi a Universidade da Amizade entre os Povos, ou Universidade "Patrice Lumumba".

Os EUA, por sua vez, possuíam instituição semelhante. A polêmica "Escola das Américas", localizada no Panamá, que tinha por finalidade estimular a cooperação das nações latino-americanas com o governo estadunidense e sua Doutrina de Segurança Nacional, no intuito de conter a influência do comunismo internacional cada vez mais presente nos movimentos sociais e organizações de esquerda em toda a região. Estima-se que essa escola tenha treinado mais de 60 mil militares e policiais de praticamente todos os países da América Latina.

As técnicas de propaganda foram incrementadas tanto pela KGB como pela CIA, como um instrumento para manter ou conquistar áreas de influência divulgando fatos que nunca ocorreram ou estavam longe da realidade. Muitas vezes, tiveram o efeito contrário do desejado, que era, basicamente amedrontar o público-alvo. Como no caso da propaganda massiva feita pela URSS sobre seu grande arsenal nuclear. Tal propaganda fomentou a corrida armamentista, ocasionando a participação direta dos EUA e a criação da Organização do Tratado do Atlântico Norte (Otan). Para proteger a imagem criada pela propaganda, o governo soviético restringia a circulação de turistas estrangeiros pelo país, como ainda hoje ocorre em Cuba e na Coreia do Norte.

A propaganda também desempenhou um importante papel na deposição do xá Reza Pahlevi, na Revolução Iraniana, especialmente com as rádios clandestinas soviéticas que desde 1978 exortavam as tropas iranianas a se rebelarem. As agitações internas foram acompanhadas pela intensificação da propaganda internacional que angariou a simpatia de milhares de jovens iranianos que estudavam no exterior, levando-os a se alistarem em grupos revolucionários e terroristas. Registros comprovam que antes de sua queda, cerca de 100 diferentes publicações anti-xá circularam na Europa Ocidental.

Já a contrapropaganda é caracterizada pelo uso de técnicas especiais com a finalidade de impedir que a mensagem do adversário produza os efeitos desejados no público-alvo. Objetiva combater certos temas da propaganda adversa ou a de se antecipar a ela na utilização desses temas com ações diversionistas (que é a técnica de desviar a atenção do público para outros temas diferentes daquele que está sendo explorado) para silenciá-la ou minimizar seus efeitos. Em 1943, após a Batalha de Stalingrado, a contrapropaganda alemã divulgou que o comandante do 6º Exército, marechal Friedrich von Paulus, havia cometido suicídio quando as tropas soviéticas cercaram seu quartel-general. Hitler e seu propagandista Goebbels forjaram um funeral simbólico depositando flores diante de um caixão vazio em Berlim. Logo em seguida, os soviéticos anunciaram que ele havia se rendido, tendo se tornado o primeiro marechal de campo da história alemã a se render ao inimigo. Ficou claro que a maior preocupação de Hitler era com a quebra do juramento militar de um oficial de alta patente, o que repercutiria negativamente no moral das tropas em outras frentes, podendo desencadear atitudes semelhantes.

Além do diversionismo, as técnicas de contrapropaganda mais empregadas são a do silêncio, da antecipação e da minimização. Essa estratégia de utilização da contrapropaganda também passou a ser amplamente explorada pelos insurgentes e grupos extremistas no Iraque, os quais conscientes da importância de influenciarem a opinião pública mundial contra o que classificam com "invasão militar ocidental" passaram a fazer filmagens e a fotografar com celulares atentados e ataques suicidas contra as forças de coalizão, principalmente explosões de IEDs (explosivos improvisados). Editavam tais imagens com textos em árabe que, minutos depois, eram veiculadas nas principais redes de TV internacionais e disseminadas via internet. Essas imagens influenciavam negativamente o moral das tropas e forças de segurança pelo grau de violência mostrada nos vídeos, atuavam na intimidação de possíveis colaboradores, e constituíam uma excelente ferramenta para o recrutamento de novos adeptos ao jihadismo.

A seguir, apresentamos dois exemplos de propaganda em forma de notícia:

> ### Fracasso no Afeganistão seria ameaça direta para a Europa, afirma Gates
>
> O Secretário de Defesa, Robert Gates, advertiu em Munique, durante uma Conferência sobre Segurança, que "o fracasso dos EUA e da Otan no Afeganistão é uma ameaça direta para a segurança da Europa", e que o apoio dos aliados europeus da Otan é fundamental para reforçar a presença militar naquele país. "Quero me centrar na importância do Afeganistão para a Europa", pois em um comunicado recente dos serviços de inteligência norte-americanos, estes asseguram que a rede terrorista Al Qaeda melhorou sua capacidade de atingir os Estados Unidos, e que a Alemanha é um dos objetivos prioritários da rede.

Pela análise, com base em uma conjuntura mais ampla da questão, as declarações buscam minimizar os efeitos de uma possível derrota estadunidense e angariar apoio de outras nações europeias no sentido de participarem das operações com base em relatórios de inteligência inconclusivos. Esta mesma técnica também é utilizada por integrantes da rede terrorista Al Qaeda e de outros grupos extremistas islâmicos no Oriente Médio.

> ### Britânicos tentam piorar imagem do reino
>
> As autoridades britânicas pretendem piorar a imagem de seu país na Romênia e Bulgária, apresentando desvantajosamente a Inglaterra para as populações destes países. Londres pretende intimidar potenciais imigrantes que podem invadir o Reino Unido no próximo ano, altura em que termina o vigor das quotas de entrada no país de cidadãos dos novos membros na União Europeia (UE).[6]

Nas atividades de contraespionagem, a contrapropaganda é utilizada para desorientar a espionagem, induzindo a erros pela tomada de decisões equivocadas. Uma deficiência detectada durante as operações no Iraque e já comentada anteriormente foi uma falta de coordenação entre a inteligência e o setor de comunicação social no sentido de fornecer propaganda às comunidades sob monitoramento, após a tomada ou conquista do terreno. Essa iniciativa, segundo peritos militares, criaria ambientes seguros reduzindo ataques da insurgência aos militares e à própria população.

Já a desinformação é uma estratégia um pouco mais complexa. Trata-se da difusão ou veiculação de dados e informações fraudulentas criadas com variados objetivos, bem como a construção de falsas biografias que induzem à criação de mitos, para muitos, até hoje, inquestionáveis. Em um cenário de guerra, a desinformação é utilizada para reduzir uma desvantagem significativa apresentada pelo inimigo. E, pode-se afirmar, também é direcionada como instrumento para se desencadear conflitos bélicos em todo o mundo com a criação de fraudes e mentiras sobre países, sua potencialidade bélica e intenções. Muitos riscos e ameaças são criados e fomentados para manter parcela da sociedade em constante estado de tensão, o que facilita sua manipulação.

No campo ideológico, a desinformação tem a finalidade de desestabilizar governos, criar animosidades diplomáticas, desacreditar e enganar pessoas, minar a confiança dos alvos ou encobrir falhas e deficiências do próprio serviço secreto ou de decisões governamentais equivocadas. Na espionagem, a desinformação consiste em espalhar boatos ou permitir vazamento de documentos falsos para os agentes duplos.

Essa técnica foi empregada amplamente no Brasil na década de 1960, criando a mais famosa fraude conhecida, batizada de Operação Thomas Mann, que poucos se aventuram a investigar, tendo a participação comprovada do serviço secreto tcheco supervisionado pela KGB. As ações constaram da disseminação de uma série de documentos para provar a participação direta dos EUA e agentes da CIA e do FBI no Golpe de 1964. A primeira falsificação era de um *press release* oriundo da Agência de Informação dos Estados Unidos no Rio de Janeiro, distribuído a políticos selecionados e para a imprensa, no qual se expunha os princípios fundamentais da "nova política externa norte-americana". A segunda falsificação constou de diversas circulares publicadas em nome da organização "Comitê para a Luta contra o Imperialismo Ianque", que se provou nunca ter existido. A terceira falsificação era uma carta que teria partido do diretor do FBI, J. Edgar Hoover, parabenizando um de seus agentes em serviço no Brasil, Thomas A. Brady, pelo sucesso alcançado no golpe. A partir destas fraudes, segmentos da imprensa latino-americana aceitaram como verdade uma das maiores e mais amplas campanhas de dissimulação acreditando que os EUA, de fato, tinham participado do Golpe de 1964.

Durante a Guerra do Vietnã, a CIA fez uso de jornalistas de grande prestígio para divulgar informações falsas ou aquelas que interessavam ao governo. Henry Kissinger também usou dessa ferramenta divulgando informações falsas sobre a situação das tropas norte-americanas no Vietnã, quando a realidade era bem diferente.

Embora todos os países façam uso da desinformação por meio de suas agências de inteligência, os soviéticos são considerados os mestres nesta arte e a fomentaram em todas as regiões pelas quais possuíam algum tipo de interesse.

Entre as inúmeras campanhas de desinformação atribuídas aos soviéticos e que até hoje são alvo de dúvidas e polêmicas estão a publicação do livro *Os protocolos dos sábios de Sião* (que trata de um plano secreto elaborado pelos judeus para dominar o mundo por meio do capitalismo), e os boatos que dizem que a morte do presidente John Kennedy foi planejada e operacionalizada pela CIA, que o ativista negro Martin Luther King foi assassinado pelo FBI, e que a criação do vírus HIV teria ocorrido em um laboratório secreto de pesquisas biológicas norte-americano.

O *Minimanual do guerrilheiro urbano*,[7] de Carlos Marighela, dedica-se tanto à propaganda armada quanto à desinformação chamando-a de "guerra de nervos". Em relação à propaganda armada, ele afirmava que "a guerrilha nunca deve fracassar em instalar uma imprensa clandestina produzindo jornais pequenos, panfletos, volantes e estampas para a agitação contra a ditadura". Em relação à desinformação, dizia que

> o objeto da guerra de nervos é para enganar, propagar mentiras entre as autoridades na qual todos podem participar, criando um ar de nervosismo, descrédito, insegurança e preocupação por parte do governo.

Mais recentemente, em dezembro de 2012, agentes da inteligência cubana prepararam um dossiê sobre as atividades da blogueira cubana Yoani Sánchez, considerada a maior crítica do regime de Fidel Castro. O material foi distribuído às autoridades e segmentos selecionados da imprensa brasileira e serviu de apoio a movimentos sociais para manifestações de hostilidade durante a visita da ativista ao Brasil em fevereiro de 2013. Entre as diversas acusações atribuídas a Yoani que aparecem no documento de mais de 200 páginas está a de ser ela um instrumento financiado pelo imperialismo norte-americano e europeu com o objetivo de desestabilizar a heroica resistência do povo cubano. Esse episódio é um exemplo típico do uso de técnicas de desinformação, que, nesse caso específico, tem por finalidade minar a reputação da blogueira, reduzindo a credibilidade de seus textos e artigos.

Quanto aos órgãos de imprensa, estes se constituem em uma grande e importante fonte da guerra secreta, e se manipulados tornam-se também um instrumento poderoso, pois trabalham diretamente a opinião pública. Antes do desenvolvimento da tecnologia, especialmente na área da espionagem, uma das principais fontes para coleta de dados dos serviços de inteligência eram reportagens de jornais, artigos e fotografias publicadas em periódicos e até algumas análises feitas por esses profissionais. Os órgãos de imprensa foram também instrumento de dissimulação e das mais diversas formas de propaganda, por meio da publicação de notícias e fatos criados e implantados pelos serviços secretos de acordo com objetivos específicos de seus governos. A imprensa, no antigo bloco soviético, era monitorada diariamente e submetia obrigatoriamente todas as reportagens e matérias de seus jornalistas à aprovação prévia de agentes políticos. Não raras vezes, a pauta era "sugerida" por esses agentes e algumas expressões eram proibidas. Os profissionais que eventualmente não se encaixassem nessa norma ou desobedecessem às autoridades políticas, eram afastados, taxados de inimigos do Estado ou tornavam-se presos políticos. As notícias, portanto, serviam a interesses estatais informando à sociedade somente o que os governos desejavam que fosse divulgado, tanto interna como externamente.

No Ocidente, em regimes democráticos, o controle da imprensa pelo Estado também ocorre, embora em menor grau e mais discretamente, e a diferença é que seus profissionais não sofrem punições tão severas. O jornalista Robert Fisk, especialista em conflitos no Oriente Médio, assegura a existência desse controle, especialmente em reportagens de guerra. Em 2003, no início da Guerra do Iraque, a rede de TV CNN emitiu instruções a seus jornalistas sobre a política de aprovação de notícias. No comunicado constava: "Todos os jornalistas que preparam pacotes de notícias devem entregá-los para aprovação – Os pacotes não serão editados enquanto as notícias não forem aprovadas".[8] E ilustra com um episódio ocorrido em 2005 com o correspondente Michel Homes que escrevera uma reportagem sobre os constantes ataques a ambulâncias pelo exército israelense, que acreditava que os palestinos escondessem armas contrabandeadas e fugitivos procurados em seu interior. A reportagem foi vetada em dois momentos, com a alegação da direção da emissora de que o exército israelense não havia se pronunciado sobre os episódios. Posteriormente, já com uma declaração escrita do exército em mãos, a CNN acabou publicando a matéria, porém, acrescentando no texto uma frase que certamente muda o sentido dos fatos: "as ambulâncias haviam ficado presas sob fogo cruzado".

Essa imposição de "aprovação prévia", somada à proibição de fazer imagens e reportagens em determinadas regiões conflagradas, certamente se destina a esconder os "efeitos colaterais" de um conflito, que, aliás, todos apresentam, como um elevado número de civis mortos, massacres, condições precárias dos campos de refugiados e eventuais erros praticados pelos militares durante as operações. Muitas dessas situações, se descobertas, certamente seriam classificadas como crimes contra a humanidade, além do impacto institucional negativo para os governos que estão patrocinando ou apoiando tais operações.

Já o objetivo da não divulgação de imagens e fotos das instalações secretas é outro: para o leitor comum podem não trazer nada significativo, mas para analistas de serviços estrangeiros poderão ter um grande significado estratégico (vide a detecção dos mísseis em Cuba, por meio da análise de fotos de aviões U-2).

Luís Castro, um jornalista português experiente, reconhecido correspondente de guerra da Rede de Televisão Portuguesa (RTP), é outro exemplo de profissional censurado. Em sua obra *Repórter de guerra*, relata as pressões sofridas em seu trabalho de cobertura nas guerras e conflitos.

Enquanto alguns são censurados, outros jornalistas respeitáveis constaram da folha de pagamento dos serviço de inteligência, recrutados ou simplesmente como inocentes colaboradores. Mas há casos em que o trabalho investigativo supera as pressões das autoridades e consegue expor atividades secretas do governo. Bob Woodward e Carl Bernstein, repórteres do jornal *The Washington Post*, por exemplo, ficaram famosos com as investigações que culminaram com a descoberta do escândalo de Watergate em 1973, que resultou na renúncia do presidente Richard Nixon. A verdade é que o jornalismo investigativo tem um papel preponderante na exposição de fatos e ações, sejam históricos ou recentes, praticados e acobertados por governos por meio da atuação de seus serviços secretos. A maioria dos grandes escândalos do último século e deste, como o Watergate, as revelações secretas referentes ao papa Bento XVI, as operações secretas da Guerra Fria, da Guerra do Vietnã, do Iraque e do Afeganistão, foi descoberta pela investigação destes profissionais da mídia.

Da mesma forma, as empresas de mídia são verdadeiramente os maiores órgãos de informação do mundo, pois, sem as limitações e implicações políticas das agências governamentais, e voltadas exclusivamente para a informação do público, investigam qualquer fato que possa ser notícia e causar sensação. Essas reportagens, por curiosidade dos leitores, acarretam aumento significativo nas vendas, propiciam pontos nas pesquisas de audiência, o que demanda maior número de patrocinadores e anunciantes e, mantêm o jornalismo com sua ética de compromisso com a verdade. E, para a consecução desses objetivos, as informações dos serviços de inteligência, bem como o conteúdo de alguns documentos secretos, são verdadeiros tesouros para um público cada vez mais sedento por novidades, escândalos e conspirações.

Notas

[1] A origem da expressão remonta aos últimos anos do século XVI, quando a Igreja Católica por intermédio do papa Gregório XV instituiu a Congregatio de Propaganda Fide (Congregação para a Propagação da Fé), para organizar formas de difusão de princípios católicos através das missões religiosas, uma tentativa de frear o avanço promovido pela Reforma Protestante.

[2] EsNI (Escola Nacional de Informações), 1978, p. 33.

[3] Disponível em: <http://segundaguerra.net/feb-propaganda-de-guerra/>. Acesso em: 23 fev. 2013.

[4] Richard Grossman, "O credo do propagandista moderno" (publicado originalmente em *Psychological Warfare Casebook*, John Hopkins University, 1976), em João Alfredo Poeck, 1978, pp. 10-1.

[5] João Alfredo Poeck, "Informações e propaganda", *Revista Coletânea L*, n. 16, ano II, janeiro de 1978, publicação interna da EsNI (Escola Nacional de Informações), p. 12.

[6] Natalia Kovalenko, *Voz da Rússia*, 29 jan. 2013 (EPA).

[7] Disponível em: <www.dhnet.org.br/denunciar/tortura/mariguella.htm>. Acesso em: 3 jul. 2013.

[8] Robert Fisk, *A grande guerra pela civilização*, tradução de Sandra Martha Dolinsky, São Paulo, Planeta do Brasil, 2007, p. 345.

Crises, fracassos e transformações: a busca por novos inimigos

Se formos avaliar com imparcialidade a história recente da atividade de inteligência, especialmente o período do pós-Guerra Fria, poderemos constatar que os serviços secretos, especialmente o dos EUA, estiveram envolvidos em constantes crises e inúmeros fracassos, tanto interna como externamente, causando constrangimentos internacionais. John F. Kennedy declarou após o retumbante fracasso da Operação na Baía dos Porcos em Cuba no ano de 1961 que "o sucesso da inteligência não traz reconhecimento e glória. Mas seu fracasso pode trazer escândalos e desgraças".[1]

Em 1972, cinco agentes da CIA foram presos quando tentavam fotografar documentos e instalar aparelhos de escuta ambiental no escritório do Partido Democrata, no complexo de Watergate, em Washington. Um dos agentes detidos, James McCord, coordenador do comitê para a reeleição do presidente

Nixon, envia uma carta-confissão ao juiz que cuidava do caso, John Sirica, narrando o episódio.

Os jornalistas Bob Woodward e Carl Bernstein, do jornal *The Washington Post*, passam a investigar paralelamente o caso, e com informações de uma fonte de codinome "Garganta Profunda" confirmaram as ligações da Casa Branca na espionagem que culminaria com a renúncia do presidente Nixon, no maior escândalo político dos EUA. Foi somente em 2005 que a identidade de Garganta Profunda foi revelada: tratava-se do ex-vice-presidente do FBI, W. Mark Felt, uma fonte altamente confiável.

Quando da participação norte-americana na Guerra do Vietnã, de 1965 a 1973, a inteligência fracassou em suas estimativas de avaliar o poder de recomposição e de reação dos guerrilheiros norte-vietnamitas, além de não ter conseguido se infiltrar nos altos escalões do governo inimigo. A consequência da falta de acesso a informações estratégicas levou os EUA à adoção de medidas inócuas como a intensificação dos bombardeios de fragmentação e de Napalm, o que pouco ajudou para reduzir a eficácia do inimigo, mas que contribuiu negativamente na opinião pública estadunidense, no que se refere à participação do país na guerra. Décadas mais tarde, alguns analistas da CIA que haviam participado de operações no Vietnã confirmaram em depoimentos que "durante a guerra, tínhamos mais e melhores armas, mas eles tinham mais e melhores espiões. Era uma diferença decisiva".[2]

Em 1979, com a Revolução Iraniana, os serviços de inteligência dos EUA não foram capazes de antecipar a queda do xá Mohammad Reza Pahlevi substituído pelo aiatolá Ruhollah

Khomeini, que levou o país de uma monarquia autocrática pró-Ocidente a uma república islâmica. Esse erro mostra-se crucial na atualidade para os objetivos estratégicos estadunidenses no Irã, especialmente no momento em que os iranianos estão na fase de desenvolvimento de seu programa de armas nucleares.

Em 1986, outro escândalo viria a abalar a credibilidade da comunidade de inteligência estadunidense. O episódio, conhecido como Irã-Contras, aconteceu durante o governo de Ronald Reagan. Importantes funcionários da CIA haviam facilitado o envio de armas para o Irã, país sob embargo internacional, em troca da libertação de seis reféns norte-americanos mantidos pelo Hezbollah. Parte dos recursos arrecadados com a venda haviam sido repassados aos rebeldes anticomunistas nicaraguenses, financiando a luta destes contra a Frente Sandinista de Libertação (FSL), conhecidos como Contras. Um ano depois, o presidente Reagan confirmou os fatos declarando à imprensa que a abertura estratégica pretendida com as relações diplomáticas com o Irã transformou-se em troca de armas por reféns norte-americanos.

Em 1989, com a queda do muro de Berlim e o esfacelamento da União Soviética – episódios históricos que marcaram o término da Guerra Fria e o início do processo de globalização –, a comunidade de informações sofreu sua primeira grande crise e de forma profunda. Acostumados com um inimigo comum desde 1946 e tendo a maior parte de seus recursos, estruturas, pessoal, técnicas e análises voltadas exclusivamente a esse objetivo, viram-se pela primeira vez sem uma finalidade específica. Como bem observou Bob Gates, diretor da CIA em 1991, durante um discurso para autoridades do Senado estadunidense, citado no livro *Legado de cinzas*:

Na Segunda Guerra Mundial, a OSS [Office of Strategic Services] sabia qual era a nossa motivação: matar os malditos nazistas. Na Guerra Fria, sabíamos qual era a nossa motivação: derrotar os malditos russos. De repente a Guerra Fria acabou e agora, qual é a nossa motivação?[3]

Essa afirmação, de certa forma derrotista, era compartilhada por muitos. Em 1995, Milt Bearden, Chefe do Departamento Soviético da CIA, chegou a dizer que:

> Houve um tempo em que era fácil para a CIA ser única e mística. Não era uma instituição, era uma missão. E a missão era uma cruzada. Então, nos tiraram a União Soviética e não houve nada mais. Não temos história, não temos um herói, até nossas medalhas são secretas. E agora, a missão terminou. Fim.[4]

Esse era um sentimento generalizado que prevalecia entre os agentes do maior serviço secreto do mundo. O que dizer dos antigos membros da KGB e da Stasi? Um desânimo que perduraria até o 11 de Setembro, enquanto as crises e fracassos continuavam a se suceder. Em 1994, foi descoberto que um dos diretores de departamento da CIA, Aldrich Ames, era agente duplo, tendo trabalhado para os soviéticos desde 1985. Ele havia entregue aos soviéticos centenas de nomes de colaboradores russos pró-EUA que, consequentemente, foram mortos, arruinando décadas de trabalho de recrutamento e infiltração. Anos mais tarde, o FBI prendeu Harold Nicholson, instrutor da escola de espionagem da CIA, conhecida como A Fazenda, em Camp Peary, na Virgínia, por suspeita de espionagem a favor dos russos.

Crises, fracassos e transformações

Em 1996, a CIA planejou e coordenou uma operação clandestina com agentes infiltrados no Curdistão, com a finalidade de armar, treinar e incentivar rebeldes curdos a depor o regime de Saddam Hussein. A operação, que custou 120 milhões de dólares, não obteve sucesso, devido à inoperância de alguns diretores da Agência em Washington. Os curdos foram massacrados pelos tanques de Saddam, e enquanto resistiam, imploravam uma ofensiva aérea prometida pelos EUA, mas que nunca ocorreu.

Simultaneamente a esses episódios, buscou-se um diferente conceito que dissesse respeito à inteligência, baseado na afirmativa "Adapte-se ou Morra", além de, obviamente, novos inimigos para justificar a sobrevivência de um imenso complexo com milhares de funcionários e milhões de dólares em orçamento. Em diversos países, incluindo o Brasil, aspectos doutrinários como o próprio conceito de informações foram ampliados e incluídos na inteligência. Concluiu-se que o termo anterior era inadequado, uma vez que era definido simplesmente como "o conhecimento objetivo de um fato ou situação, resultante do processamento racional dos informes disponíveis".[5] Para especialistas, o termo *inteligência* é mais abrangente, pois não se trata apenas do conhecimento objetivo, mas principalmente de uma análise e avaliação das informações, informes e dados disponíveis que resultarão na produção de um outro conhecimento específico, baseado nessas premissas.

Seguindo essa linha, no Brasil, com a reforma administrativa promovida no governo do presidente Fernando Collor de Melo (1990), foi extinto o SNI e criada a Secretaria de Assuntos Estratégicos da Presidência da República (SAE), órgão ligado à Presidência da República que passou a gerenciar o sistema na coleta, busca, produção, proteção e difusão de conhecimentos sensíveis.

Porém, era de fundamental importância aguardar novas diretrizes de segurança nacional, as quais deveriam eleger as novas prioridades e suas exigências com relação à atividade de inteligência num cenário de constantes mudanças. No curto intervalo de tempo entre 1989 e o final da década de 90, as ameaças e os desafios globais mostraram-se de maior complexidade ao mesmo tempo que as antigas estruturas dos serviços apresentaram-se inadequadas em relação às crescentes e novas demandas.

Assim, no Brasil, por exemplo, foi criada pela Lei n. 9.883, de 7 de dezembro de 1999, a Agência Brasileira de Inteligência (ABIN) e instituído o Sistema Brasileiro de Inteligência (SISBIN). Posteriormente, o Decreto n. 4.376, de 13 de novembro de 2002, dispôs sobre a organização e o funcionamento do sistema, citando os órgãos que o compõem e deliberando que ele é o responsável pelo processo de obtenção e análise de dados e informações e pela produção de conhecimentos, além da salvaguarda de assuntos sigilosos. Com esses novos dispositivos legais, foram elaborados objetivos mais amplos, como a obtenção de dados e avaliação de situações que impliquem ameaças veladas ou dissimuladas, capazes de dificultar ou impedir a consecução dos interesses do país ou que representem oportunidades para este; a identificação, avaliação e neutralização da espionagem promovida por organismos ou pessoas vinculadas ou não a governos; e a salvaguarda dos conhecimentos e dados que, no interesse da segurança do Estado e da sociedade, devam ser protegidos. E entre as finalidades estão ainda a produção de conhecimentos para o planejamento, a execução e o acompanhamento da ação governamental visando à defesa do Estado e das instituições nacionais, além de salvaguardar assuntos sigilosos e de interesse do Estado e da sociedade.

As principais agências de inteligência governamentais do mundo estavam em pleno processo de reestruturação e capacitação para atender às novas demandas quando um acontecimento veio a abalar todo o sistema, notadamente nos EUA. O 11 de Setembro de 2001 desencadeou a segunda grande crise que se abateu sobre a comunidade de inteligência. Os atentados terroristas ao World Trade Center e ao Pentágono, perpetrados por radicais islâmicos da rede terrorista Al Qaeda, colocaram em xeque toda uma estrutura de inteligência que se julgava inatingível, lançando dúvidas sobre a sua operacionalidade ou a real capacidade de seus órgãos e agências na coleta, busca e análise de dados. Um ano após os atentados, uma comissão federal estadunidense foi reunida com a finalidade de detectar e apontar quais teriam sido as prováveis falhas que oportunizaram o 11 de Setembro. A comissão apresentou em 2004 um relatório final onde concluíram, dentre outros aspectos: que o grau de confiabilidade havia sido baixo na qualidade das análises e estimativas produzidas no período; que o produto final da análise ou do conhecimento sofrera, em muitas situações, influências políticas e de outros interesses;[6] que as agências apresentavam sérias dificuldades para analisar uma quantidade imensa de dados e informes, os quais permaneceram simplesmente armazenados; e que praticamente inexistia interação e cooperação interagências, especialmente no que se referia ao compartilhamento de dados, seguindo rigorosamente a velha máxima de que "informação é poder", mas poucos estavam e estão interessados em compartilhá-lo.

Logo em 2003, outro fato grave viria a comprometer seriamente a confiabilidade do sistema: a descoberta da manipulação de relatórios de inteligência sobre a existência de arsenais de armas químicas e biológicas em poder de Saddam Hussein, o que serviria de pretexto para a invasão do Iraque. Atualmente, sabe-se que as provas de existência do arsenal eram frágeis e a manipulação foi apenas uma cortina de fumaça para esconder outros objetivos, em especial de ordem econômica, uma vez que tais arsenais nunca foram localizados. E partiu de uma fonte do Serviço de Inteligência Federal da Alemanha (BND), que acolheu um suposto desertor iraquiano de codinome "Curveball", que possuía conhecimento de esboços de um planejamento para a construção de armas químicas e biológicas feitos por Saddam Hussein. Sem investigar a fonte, o BND repassou as informações à CIA. Esta já suspeitava da confiabilidade da fonte em razão da análise dos relatórios fornecidos por Curveball, que continham informações vagas que não permitiam a confirmação dos dados.

Apesar disso, o secretário de Estado, o general Colin Powell, experiente veterano de guerra, discursou em 2003 no Congresso norte-americano dizendo que estava estudando a aprovação do uso das Forças Armadas contra o Iraque e afirmou que haviam obtido provas concretas, pela inteligência, da existência de armas de destruição em massa no Iraque. Sugeriu em seu discurso aos senadores que aquele país teria meios para usá-las contra a Costa Oriental dos EUA, por meio de aviões não tripulados. Alguns meses mais tarde, descobriu-se que as provas em poder de Curveball eram uma farsa, tendo sido confeccionadas por ele próprio. O presidente George W. Bush também tinha conhecimento de que Saddam Hussein não possuía arsenais de armas químicas e biológicas desde 2002, por uma fonte próxima ao líder iraquiano, mas em nenhum momento considerou tal informação.

Em 2005, veio à tona outro caso de manipulação de relatórios da CIA e da Agência de Segurança Nacional (NSA): o que ocorreu em relação ao episódio do golfo de Tonkim, que levara o presidente norte-americano Lyndon Johnson a autorizar o início dos bombardeios a bases navais do Vietnã do Norte. Como Tim Weiner, jornalista especializado em assuntos de inteligência, relataria 40 anos mais tarde em suas memórias: "A Guerra do Vietnã começou com mentiras políticas baseadas em inteligência falsa".[7] Mesmo que o erro das informações obtidas tenha sido detectado, os EUA prosseguiram com as operações militares, o que demonstra que sua intenção sempre foi atacar o Vietnã.

Durante os anos 2000, considerada a "década do terror",[8] parte da comunidade de inteligência elegeu o terrorismo internacional como sua temática principal, em razão do grande número de atentados promovidos em diversos países, como Espanha e Inglaterra. Apesar dos problemas estruturais anteriormente detectados, multiplicou-se o número de órgãos que passaram a criar inteligência, bem como o orçamento destinado para esse fim. Essa estratégia mostrou ser um erro grotesco, pois ocasionou mais problemas do que soluções, ampliando as dificuldades para a coleta e busca de dados além da baixa qualidade das análises na produção do conhecimento. Especialmente nos EUA, a enorme quantidade de informações trouxe como consequência a dispersão dos objetivos desses órgãos que elaboram cerca de 50 mil relatórios/ano, a maioria ignorados por motivos óbvios, somados a 1,7 bilhão de comunicações interceptadas que tornaram impossível uma avaliação criteriosa. Assim, muitas informações vitais passaram desapercebidas nas gavetas e arquivos e não constaram das estimativas de inteligência elaboradas, o que contribuiu decisivamente para as constantes falhas em todo o sistema.

Entre os anos de 2008/2010, surgiram outras crises menores, não menos impactantes. No episódio fracassado do atentado suicida a um avião da empresa Northwest Airlines no aeroporto de Detroit/EUA, em 2009, o Sistema de Inteligência falhou na "análise e integração de dados coletados", segundo parecer de seus próprios analistas. Dias mais tarde, no Afeganistão, um atentado suicida praticado por um suposto agente duplo matou oito agentes da CIA, em uma base secreta, expondo deficiências em outras áreas, como a da contrainteligência. Além desses problemas, persistia a cobrança da opinião pública estadunidense por resultados na caçada ao líder da rede Al Qaeda, Osama bin Laden, que perdurava por quase uma década, com gastos de bilhões de dólares. A imprensa internacional aguardava também a abertura de investigação pela participação comprovada de agentes de inteligência em torturas de prisioneiros do terrorismo durante interrogatórios nas prisões de Abu Ghraib, no Iraque, e Guantânamo, em Cuba. A propósito, poucos conhecem o fato de que a polícia paquistanesa vendia para a CIA[9] prisioneiros afegãos, afirmando que pertenciam à milícia Talibã. A maioria era de civis em fuga ou refugiados que iam ao Paquistão, então feitos prisioneiros e, após o crescimento da barba, entregues aos militares dos EUA. Muitas dessas pessoas encontram-se recolhidas na prisão de Guantánamo, há mais de dez anos, sem nenhum tipo de acusação formal.

Em 2008, a Agência Brasileira de Inteligência (ABIN) sofreria sua maior crise desde que foi criada em 1999, ao se envolver em um escândalo que muitos consideram o Watergate brasileiro, motivo pelo qual toda a sua cúpula foi exonerada. O caso é que foi descoberto que a Agência participou clandestinamente da "Operação Satiagraha",[10] empregando ilegalmente meios operacionais, verba sigilosa e dezenas de agentes. Essa participação, embora tenha produzido muitas provas robustas contra os investigados, foi anulada devido à ilegalidade em sua produção, segundo preceitos constitucionais. O fato foi condenado pelo Superior Tribunal de Justiça (STJ) em 2011 e ainda será julgado pelo Supremo Tribunal Federal (STF). A ação causou impacto negativo em diversos segmentos da sociedade.

Em 2011, a CIA, finalmente, localizou e executou Osama bin Laden no Paquistão, com a participação direta de seus agentes, na que ficou conhecida como Operação Gerônimo. Essa ação traria um novo ânimo para a comunidade, levando o presidente Barack Obama a afirmar que "a inteligência é a primeira linha de defesa de uma nação".[11]

Porém, este ânimo duraria pouco, pois neste mesmo ano, particularmente, a inteligência estadunidense sofreria sua terceira grande crise, desde o ataque japonês a Pearl Harbor e o 11 de Setembro, com o maior vazamento de documentos confidenciais da história. Uma fonte do Exército disponibilizou as informações na web para o site WikiLeaks, criado e administrado por Julian Assange, o que causou constrangimentos internacionais. Os documentos continham estimativas, relatórios, impressões e análises de comportamento de diversas personalidades políticas mundiais. O maior prejuízo traduziu-se na exposição do pensamento da inteligência norte-americana e a relação deste com a política externa, além de demonstrar como se processa sua rede de informações e sistema de análise. Aqui, pelos conteúdos levados ao conhecimento do público, fica claro como se processa a guerra secreta, objeto desta obra.

Em 2012, foi a vez de o Vaticano envolver-se em um escândalo sem precedentes com o vazamento de dezenas de informações sigilosas, incluindo análises de perfis de políticos internacionais, estimativas políticas e econômicas e correspondência pessoal do papa Bento XVI para setores da imprensa italiana. O episódio, que teve como protagonista Paolo Gabriele, mordomo do Papa, causou mal-estar e reiterados pedidos de desculpa por parte do Vaticano.

Nesse mesmo ano, a inteligência norte-americana e a da Otan, no Afeganistão, foram surpreendidas pelos ataques sincronizados da rede Haqqani, vinculada à milícia Talibã, que atingiu sete alvos estratégicos em sequência, paralisando distritos considerados seguros pelos militares. Essa rede é a que tem sido responsável pelo maior número de mortes de militares aliados, fato que vem crescendo consideravelmente. Houve falhas na atuação dessas agências. A esse respeito, John K. Wood, diretor-sênior para o Afeganistão no Conselho de Segurança Nacional, chegou a afirmar que havia uma lacuna entre a coleta de informações e a análise de tudo que era coletado. Além disso, a agência de inteligência da Otan tem sua atuação limitada à inteligência de sinais, analisando somente comunicações de celulares e outros dispositivos.

Um interessante artigo do colunista Thomas L. Friedman do jornal *The New York Times*, publicado em 2004, intitulado "Inteligência dos EUA perde para homens-bomba", ilustra bem as análises e fatos até aqui expostos. E como verificamos, a inteligência recai nos mesmos erros que foram cometidos no passado, em relação ao Vietnã e Afeganistão, cujos resultados, embora com toda a propaganda e desinformação realizada, podemos imaginar. Diz Friedman:

> Pelo que posso inferir do novo organograma adotado pelo Congresso para a inteligência dos EUA, trata-se de uma combinação terrível de títulos e funções no topo, sem determinações claras de autoridade para as pessoas na base.
>
> Algo que aprendi em 25 anos de imprensa (que é simplesmente uma outra forma de coleta de inteligência) é o seguinte: toda vez que você adicionar uma nova camada de editores acima dos repórteres, não se livre da antiga camada de editores, ou ficará em apuros. Haverá menos inteligência.
>
> A maneira certa de aprimorar a atividade de inteligência nos Estados Unidos é colocar em campo pessoas que falem as línguas das quais necessitamos e que sejam capazes de pensar de forma não convencional. E se isso parece ser de uma obviedade enorme para você, realmente o é.
>
> Mas é precisamente a carência desse tipo de gente o que, para mim, explica o maior fracasso da inteligência dos Estados Unidos no Iraque... Nós não invadimos o Iraque cedo demais. Na verdade, invadimos o país com dez anos de atraso. O fracasso da inteligência dos Estados

Unidos ao não entender o que acontecia na sociedade iraquiana durante o período de mais de uma década de sanções da Organização das Nações Unidas (ONU) que precedeu a nossa invasão explica muitos dos problemas que encontramos no Iraque pós-Saddam.¹²

O comprometimento contínuo de informações de caráter sigiloso, em diversas esferas, e os escândalos que estes assuntos acarretaram reiteram, mais uma vez, a necessidade de uma reformulação urgente em todo o sistema, especialmente nos processos da contrainteligência, e um maior aporte tecnológico que permita identificar e neutralizar tal situação.

Porém, a maior parte das crises e fracassos enfrentados pela atividade foram gerados ou pelo desvirtuamento de relatórios para atender a interesses político-governamentais ou por uma interpretação imprecisa dos dados, ocasionando a elaboração de um cenário fictício que não traduzia a real dimensão e capacidade das forças de que dispunha o adversário.

Essa forma de criar inteligência tem se mostrado um grande desperdício tanto de recursos humanos como financeiros, levando muitas agências ao descrédito em relação a sua capacidade técnica de atuação.

NOTAS

[1] Tim Weiner, *Legado de cinzas*, Rio de Janeiro, Record, 2008.
[2] Idem, p. 277.
[3] Idem, p. 479.
[4] Idem, p. 475.

5   Notas de aula, publicação interna do Centro de Formação e Aperfeiçoamento de Recursos Humanos (CEFARH), 1997, p. 15 (Subsecretaria de Inteligência, ligada à Casa Militar da Presidência da República).
6   A manipulação política de relatórios e estimativas de inteligência sempre ocorreu em diferentes épocas. Os exemplos mais rumorosos são relatórios apresentados ao presidente dos EUA Lyndon Johnson sobre a situação do Vietnã e, mais recentemente, os relatórios dos serviços de inteligência dos EUA e britânico (MI-5) que apontavam para a existência de armas de destruição em massa no Iraque, inobstante os observadores da ONU nada terem constatado, o que serviu de pretexto para a invasão do Iraque em 2003, pelas tropas da coalizão.
7   Tim Weiner, 2008, p. 271.
8   Além dos atentados de 11 de Setembro, os mais impactantes foram os atentados às casas noturnas de Bali em 2002, aos trens do metrô em Madri em 2004, ao metrô de Londres em 2005, ao Hotel Marriot, no Paquistão, em 2008, e à área urbana de Mumbai, na Índia, no mesmo ano.
9   Essa informação consta das memórias do presidente do Paquistão, Perez Musharraf, *In the line of fire*. Na confissão, ele chega a afirmar que "era um grande negócio" e que foram entregues, no ano de 2001, no início dos bombardeios norte-americanos no Afeganistão, pelo menos 369 pessoas em troca de "prêmios em dinheiro" da CIA (apud Mahvish Rukhsanna Khan, *Diário de Guantânamo*, São Paulo, Larousse do Brasil, 2008, p. 74).
10 A operação foi deflagrada em 2004 e se estendeu até 2008, sob o comando do delegado da Polícia Federal, Protógenes Queiroz, atualmente deputado federal pelo estado de São Paulo, com o intuito de investigar desvio de verbas públicas, corrupção e lavagem de dinheiro, que resultou na prisão de banqueiros, gerentes de banco e investidores. Foram apreendidos documentos que comprovavam o pagamento de propina a agentes públicos no valor de R$ 18 milhões de reais.
11 Pronunciamento do presidente Barack Obama na rede CBS e CNN dias após a notícia da morte de Osama Bin Laden.
12 Disponível em: <http://noticias.uol.com.br/midiaglobal/nytimes/2004/12/10/ult574u4830.jhtm>. Acesso em: 27 jun. 2013.

Os atores não estatais: guerrilheiros, extremistas, WikiLeaks e Anonymous

Aquestão dos atores não estatais é, desde a metade do século XX, um importante capítulo da guerra secreta, juntamente com a espionagem. Nas relações internacionais, há duas categorias de atores não estatais. Nossa abordagem é focada em apenas um tipo, aquele que não possui soberania sobre nenhum território e para o qual o uso da força é considerada uma ação ilegítima, pois não está embasada em nenhuma regra. O surgimento desse tipo de agente remonta à década de 1960, em plena Guerra Fria, com os movimentos guerrilheiros de matriz ideológica, especialmente na América Latina, patrocinados pela URSS, como instrumento para a tomada do poder, visando à expansão do comunismo internacional. Alguns grupos utilizavam manuais doutrinários chineses, como a *Guerra do povo, exército do povo*, de Vo Nguyen Giap, adaptado posteriormente por Che Guevara sob o título *A guerra de guerrilhas*. Destacam-se entre eles os Tupamaros no Uruguai, o Sendero Luminoso no Peru, a Vanguarda Revolucionária Popular e o Movimento Revolucionário 8 de Outubro (MR8) no Brasil e os Montoneros na Argentina.

Nesse mesmo período, surgiram também os principais grupos terroristas na Europa, com destaque para o IRA (Exército Republicano Irlandês) na Irlanda, o ETA (Pátria Basca e Liberdade) na Espanha, o Baader-Meinhof (Fração do Exército Vermelho) na República Federal da Alemanha e as Brigadas Vermelhas, como são conhecidas no Ocidente, na Itália. Os dois primeiros são de cunho separatista, o terceiro, com tendência socialista, teve apoio da extinta República Democrática Alemã em uma campanha de desestabilização do governo e das instituições da também extinta República Federal Alemã, e por último o grupo italiano que, embora ideologicamente alinhado ao socialismo, tendia ao anarquismo. Em 1970, seria criado o primeiro grupo militante palestino na região do Oriente Médio, denominado Setembro Negro, formado por ex-militantes da OLP (Organização para a Libertação da Palestina), que à época provocou inúmeros confrontos com o exército jordaniano. Sua atuação marcante foi o sequestro dos atletas israelenses nas Olimpíadas de Munique em 1974.

Todos, sem exceção, passaram a participar ativamente da guerra secreta como instrumento político e braço armado, para criar conflitos e instabilidade. Para isso, contam com o apoio (dissimulado) de diferentes países, independentemente das relações diplomáticas cordiais que essas nações mantêm na superfície. Suas atividades eram tipicamente de um conflito assimétrico com ações de guerrilha urbana, incluindo sabotagem, terrorismo, sequestros, atentados a bomba e eliminação de agentes governamentais. Recorriam, não raras vezes, a assaltos a bancos como forma de obterem recursos para financiar suas atividades. Constituíam-se na principal temática dos serviços secretos que procuravam eliminar suas lideranças, identificar e neutralizar células existentes em seus países.

Ao mesmo tempo, os protagonistas da Guerra Fria continuavam a treinar e armar novos grupos, os quais tiveram papel preponderante na Guerra da Coreia, do Vietnã e na invasão soviética no Afeganistão, fato pelo qual décadas mais tarde, ambas as potências, notadamente os EUA, pagariam um alto preço. Durante esta invasão, entre 1979 a 1989, a CIA, em conjunto com o Serviço Secreto Paquistanês (ISI) num programa denominado Operação Ciclone, treinaram e armaram as milícias talibãs para combaterem os soviéticos, o que contribuiu decisivamente para a retirada destes, em 1989.

A Al Qaeda teria surgido também ao final da invasão soviética. Seu nome era inspirado nos campos de treinamento dos mujahidin, porém ainda sem grandes atividades. A diferença é a de que o primeiro era nacionalista e o segundo tencionava maior abrangência ao levar a *jihad* islâmica para outros países do Oriente Médio, Norte da África e Ásia, para transformá-los em Estados teocráticos. A partir desse momento, o ódio pelos EUA se agravou, pois o país, por meio de sua política internacional, foi acusado de impor seu ritmo de vida e ideologia aos países islâmicos. O amigo de ocasião se transformaria em um inimigo perverso.

A participação de grupos terroristas no Oriente Médio, especialmente com o apoio incondicional dos EUA aos israelenses na questão israelo-palestina, se acentuou. O Hamas surgiu após a primeira intifada em 1987 na Faixa de Gaza e por meio de seu braço armado, as Brigadas Izz al-Din al-Qassam, desencadearia uma série de atentados a bomba em cidades israelenses. Por sua vez, o Hezbollah, criado na década de 1980, apoiado pelo IRA e pela Síria para pôr fim à ocupação israelense no sul do Líbano, além dos ataques com carros-bomba, passou à tática de lançar foguetes "Katiucha" no território judeu. Nessa época, ambos popularizaram uma antiga prática dos séculos XIV e XVI, o uso de homens-bomba ou terroristas suicidas, o que demonstrou e ainda demonstra grande eficácia num conflito assimétrico. O primeiro ataque suicida nesse período foi praticado por um integrante do Hezbollah contra a embaixada dos EUA em Beirute no ano de 1983, causando a morte de 241 pessoas. Em 1994, essa prática recrudesceria com o uso de homens-bomba por integrantes do Hamas em retaliação pela morte de 29 palestinos na Mesquita de Hebron, por um colono israelense.

A ONU, por meio de seu Conselho de Segurança e outros órgãos internacionais, tem criado protocolos, resoluções e convenções sobre o terrorismo, com grande polêmica, como a Resolução n. 1.267/1999, que proíbe o trânsito de aeronaves de propriedade do regime talibã, bem como determina o bloqueio de fundos e bens pertencentes a ele. Esse dispositivo foi estendido a Al Qaeda pela Resolução n. 1.333. Destaca-se, também, a Convenção Internacional para a Repressão ao Financiamento do Terrorismo, do mesmo ano. Apesar desses esforços, tais dispositivos pouco têm contribuído para a redução do número de atentados no mundo.

Com o início do processo de globalização econômica, na década de 1990, e a extinção da URSS, grupos terroristas e guerrilheiros que, em sua maioria, eram apoiados pelos soviéticos, perderam a força e aos poucos reduziram suas atividades até a dissolução, ao mesmo tempo que alguns migraram para o crime organizado. Essa conjuntura internacional, longe de trazer a paz aos continentes, propiciou o aparecimento de novos atores não estatais com interesses diversos, enquanto se fomentou a ação de outros já existentes como os ligados ao extremismo islâmico, os quais passaram a influenciar de forma contundente a agenda internacional, direcionando políticas governamentais, algumas com efeitos devastadores.

Em 2000, com uma nova invasão ao Afeganistão, agora liderada pelos EUA, que duraria mais de uma década, as forças de coalizão sofreriam constantes ataques de parte do grupo talibã, com grandes baixas e que redundaram na retirada gradual de efetivos militares até o ano de 2014 em uma guerra perdida. Em 2001, a figura emblemática de Osama bin Laden, líder do grupo terrorista Al Qaeda, iria cumprir seu intento de infiltrar a *jihad* islâmica nos EUA com os atentados ao World Trade Center e ao Pentágono e, posteriormente, na Espanha e Inglaterra, inaugurando uma nova fase da guerra secreta. O grupo já havia patrocinado anteriormente outros atentados contra as embaixadas norte-americanas no Quênia e na Tanzânia, em 1998, contra o destróier USS Cole, ancorado num porto do Iêmen, em 2000. Na tentativa de identificar, mapear e neutralizar células terroristas da Al Qaeda, grandes recursos financeiros e materiais foram alocados para a luta contra o terrorismo e as principais lideranças da Al Qaeda acabaram sendo eliminadas, incluindo sua liderança máxima, após uma década de procura incessante pela CIA e por outros órgãos de inteligência cooperativos. Com a invasão dos EUA ao Iraque, em 2003, ainda sob os efeitos do 11 de Setembro, mais uma vez pudemos constatar a interferência de grupos insurgentes com suas ações de sabotagem, terrorismo e atentados a bomba, os quais iriam causar grandes baixas entre os militares. Seria mais uma guerra desperdiçada a custos fenomenais.

A maior problemática existente com relação a esses atores não estatais é o fato de que eles não podem ser responsabilizados como instituição por seus atos. E não existe, realmente, uma guerra contra o terrorismo, a expressão é apenas simbólica, significando esforços internacionais conjuntos, pois a guerra só ocorre formalmente entre nações ou países. O que a legislação internacional utiliza é a responsabilização individual por cada conduta praticada. Esse é um dos fatores que acabam fortalecendo ainda mais os grupos terroristas, pois parecem inatingíveis.

A década de 1990 e a primeira década do século XXI caracterizaram-se por um maior desenvolvimento de tecnologias, especialmente a internet e as redes sociais. Os benefícios da democratização e a rapidez da informação, somados às imensas possibilidades de interação entre os povos, trouxeram grandes benefícios para a sociedade e também para a guerra secreta. Países e entidades privadas passaram a ter a oportunidade de exercer uma vigilância total sobre tudo o que é recebido ou transmitido, incluindo a formação de perfis de qualquer indivíduo ou corporação. Uma questão que Julian Assange classifica como um mundo dividido entre interceptores e interceptados.

Desse fenômeno, então, surgiram outros atores independentes, alguns ligados à ciberespionagem com fins econômicos, outros apenas para demonstrar suas capacidades, e aqueles que lutam contra a privatização da informação e pela liberdade de expressão. Todos possuem como aspectos comuns o fato de surgirem do hacktivismo e o de dominarem a tecnologia da informática tanto quanto os profissionais dos países mais desenvolvidos nessa área. Estão conectados 24 horas por dia e estabeleceram uma rede impressionante protegida por códigos criptografados complexos,

Os atores não estatais

difíceis de serem decodificados. Os atores que possuem objetivos econômicos e os que querem apenas demonstrar sua capacidade invadem qualquer sistema deixando mensagens intimidatórias, têm potencial para paralisá-lo temporariamente com os chamados ataques de negação de serviço e praticam a ciberespionagem, que veremos mais adiante. Os alvos são geralmente governos e objetivam suas informações de natureza estratégica com classificação sigilosa, as quais demonstram verdadeiramente as intenções hegemônicas, interesses comerciais, acesso a pesquisas e avanços tecnológicos. Muitos desses produtos resultantes de suas ações, especialmente projetos e pesquisa de empresas privadas e governamentais, são adquiridos pelos governos secretamente.

Mas o maior inimigo da guerra secreta travada entre as nações desenvolvidas são os grupos que advogam pela liberdade de expressão e contra a privatização da informação. Esses grupos divulgam qualquer tipo de dados, muitos deles considerados segredos de Estado, que revelam os bastidores da política internacional e os erros eventualmente cometidos pelos governos. As autoridades têm o maior interesse de ver a maioria dessas informações arquivada secretamente, pois sua exposição evidencia suas políticas equivocadas, quando não ferem os princípios das relações internacionais.

Dentre esses grupos, destaca-se o WikiLeaks, fundado em 1990, dedicado à publicação de documentos secretos de nações e instituições governamentais ou corporações privadas, expondo-os em forma de denúncia a qualquer público por meio da web ou empresas de comunicação, notadamente jornais e redes de televisão. Sua principal façanha foi a divulgação não autorizada, no ano de 2010, de milhares de documentos confidenciais do governo dos EUA, incluindo relatórios de embaixadas e sobre a Guerra do Iraque, o que ficou conhecido como "Collateral Murder, War Logs Cablegate".

Outro importante grupo que segue essa mesma linha é o Anonymous, criado em 2003 e formado por usuários de diversos *imageboard* e fóruns. São ativistas espalhados pelos cinco continentes, a exemplo do WikiLeaks, que, como forma de protesto, realizam ataques virtuais a instituições governamentais e privadas, acarretando vazamento de informações e derrubada desses sites. Como qualquer outro grupo de ativistas, não se constitui em uma entidade ou instituição e pode ser definido como uma comunidade coletiva sem lideranças, instalações físicas ou agendas predeterminadas. Entre suas principais ações figura o apoio à revolta popular na Síria contra o regime de Assad, ao movimento "Occupy" (que se expandiu em todo o mundo, criado com base na ideologia do "Occupy Wall Street", lançado em 2011 em Nova York), a operação Chanology contra a Igreja da Cientologia e a divulgação de uma rede de frequentadores de sites contendo pornografia infantil composta por cerca de 1.500 nomes.

Embora ambos, Wikileaks e Anonymous, sejam considerados os mais importantes pela repercussão e projeção de suas atividades, não são os únicos. Podemos citar ainda o Luzlzsec, Team Poison, The Pirate Bay e o A-Team. Em determinados períodos, muitos grupos encerram suas atividades e fundam outros com a mesma finalidade.

Vários desses novos atores possuem o mesmo nível de capacidade tecnológica de muitos países para participarem ativamente em qualquer conflito ou guerra em qualquer região do planeta, o que antes era privilégio único e exclusivo das nações. Existem ainda atores considerados lobos solitários, como aquele que se autodenomina The Jester, que são pessoas que agem sozinhas, com domínio tecnológico para atuarem em qualquer uma das situações expostas, e são defensoras das mais diferentes ideologias.

A presença destes mostra-se cada vez mais frequente e, além de influenciar direta ou indiretamente em muitas das decisões governamentais, implica a necessidade de um consenso mundial sobre uma solução de segurança mais prática que recaia sobre os *hackers*, se é que há alguma possibilidade de solução. Dificilmente alguém reconhecerá que podemos estar perdendo o controle sobre o ciberespaço, pois ratificaria a visão de Assange que considera a internet uma ameaça à civilização humana. Trata-se de um conflito permanente travado na clandestinidade com a participação desses atores, alguns apoiados por diferentes países, longe das luzes e holofotes da política. A relação entre nações e estes grupos atende duplamente aos objetivos de ambos, quer financeiros, estratégicos ou geopolíticos, em uma troca constante de papéis entre ora colaboradores, ora inimigos mortais.

Nesse contexto, pode-se afirmar, categoricamente, que a atuação desses atores inaugurou uma nova e preocupante fase da guerra secreta, pois em nenhum momento histórico tantos tiveram acesso a tanta tecnologia com potencial para criar conflitos, causar constrangimentos e influir decisivamente na agenda internacional.

De outra forma, alguns funcionam também como fiscalizadores das mais secretas decisões governamentais, expondo à comunidade cibernética detalhes de episódios e questões que jamais viriam a público sem essa iniciativa, independentemente dos esforços da contrainteligência para identificar seus protagonistas e estancar os vazamentos. Isso pode significar a diminuição da hegemonia das potências desenvolvidas em relação aos países em desenvolvimento e um alerta a todas as nações para a sua própria sobrevivência como países soberanos em suas questões nacionais. Alguns atores estatais são, de fato, apesar de todos os riscos, um fator de maior equilíbrio neste conflito permanente.

Tecnologias, novas ameaças e ciberespionagem

Os riscos emergentes e as novas ameaças do século XXI mostram-se muito diferentes daqueles que estávamos acostumados a enfrentar em décadas anteriores. São caracterizados pelo dinamismo híbrido e pela alta tecnologia, tornando-se de difícil previsão e detecção. São questões naturalmente complexas que ameaçam de forma direta a estabilidade social e a segurança das nações.

Dentre essas ameaças, num âmbito internacional, podemos citar o terrorismo extremista, os crimes cibernéticos, crescimento de organizações criminosas transnacionais especializadas em narcotráfico, tráfico de armas, de materiais nucleares, biopirataria, a proliferação de armas de destruição em massa, como as químicas, biológicas e radiológicas, artefatos nucleares em mãos de atores não estatais, desestruturação institucional de alguns países (Estados falidos),[1] espionagem econômica e industrial e tecnologias de uso dual, as quais servem a propósitos militares e civis, simultaneamente. No âmbito regional, são representadas pela degradação do meio ambiente, mudanças climáticas, ciberdelinquência e crime organizado.

Em decorrência desse contexto, surgiram grupos chamados de atores não estatais, dos quais tratamos no capítulo anterior, ligados a redes internacionais com objetivos difusos, bem como grupos de pirataria digital, aos milhares, que frequentemente invadem sistemas on-line contendo assuntos considerados confidenciais tanto na esfera governamental como em empresas privadas, para as mais diversas finalidades. Há ainda indivíduos espalhados pelos cinco continentes, dispostos a cometer ataques cibernéticos nas mesmas condições, com resultados catastróficos, especialmente pela dependência crescente das sociedades das tecnologias digitais.

Essa gama de assuntos passou a fazer parte da temática dos serviços de inteligência a partir da década de 2000, e as tecnologias digitais vêm apresentando tendências de crescimento à medida que vão sendo desenvolvidas diferentes e variadas ferramentas para o ciberespaço.

Desde a derrubada do avião de espionagem norte-americano na União Soviética em 1964 e da detecção dos mísseis em Cuba após análise de imagens obtidas por um avião U-2 em outubro de 1962, iniciou-se uma campanha de monitoramentos constantes por sinais (SIGINT) e satélites (IMINT), promovidos pelas principais potências do planeta. A partir de então, os avanços na área tecnológica têm sido extraordinários. Embora poucas agências governamentais tenham orçamento suficiente para se atualizarem nesse particular, as novidades à disposição no mercado são muitas, acompanhando a demanda balizada pelos diversos níveis e tipos de riscos e ameaças. Dentre as novidades, destacam-se os veículos não tripulados, VNT ou drones, que desenvolvem vigilância em tempo real em zonas rurais e urbanas controlando o fluxo de movimentação de elementos adversos, possibilitando uma reação quase imediata. Alguns são dotados de mísseis letais programados para atingirem alvos a grande altitude e já foram usados no Afeganistão, o que tem suscitado grandes polêmicas.

Há plataformas que permitem a interceptação de comunicações e a integração de dados e informações provindos de diversos sistemas concentrando-os em perfis; sistemas integrados de satélites que proporcionam uma ampla visão do espaço sob vigilância; ciberespaços; códigos complexos para armazenamento e proteção de assuntos sensíveis; softwares que apontam localização e identificação de usuários na rede computacional; mapeamento digital e outros tantos, conforme a temática de interesse. Todas estas tecnologias, destinadas a reduzir incertezas e possibilitar uma análise de risco mais qualificada, facilitam o já difícil processo da tomada de decisões.

Porém, esses avanços têm potencial para representarem enormes riscos e ameaças, dependendo de quem os utiliza e para que finalidade. A internet, por exemplo, onde não há leis tampouco restrições, é potencialmente uma ferramenta de uso em ações militares, de espionagem e sabotagem, quer por nações ou quaisquer outras entidades não estatais. E as tropas cibernéticas funcionam tanto para defesa como para uma ampla ofensiva, atingindo todos os setores onde houver conexão e vulnerabilidades. O problema é tão presente que as Nações Unidas estudam um projeto para a proteção de estruturas estatais na internet e a organização de Centros Cibernéticos na Otan, prevendo a possibilidade de uma futura guerra cibernética em âmbito global, mais factível de ocorrer na atualidade do que uma guerra nuclear. As ameaças geradas por redes de computadores podem ser classificadas em cinco tipos ou os 5C (ciberguerra, ciberterrorismo, cibercrime, ciberdelinquência ou simplesmente ciberataques). Entende-se como ciberameaça a tentativa para obter acesso não autorizado a um sistema on-line com o objetivo de extrair ou manipular dados ou violar a confidencialidade, autenticidade, integridade ou disponibilidade destes, dentro do sistema. Geralmente é realizada por meio de Spyware, que é introduzido por um software legítimo ou por um Cavalo de Troia. O mesmo conceito pode ser usado para a ciberespionagem.

A ciberguerra é um conjunto de ações adotadas por alguns países contra sistemas de computadores de outros objetivando causar danos ou interrupção de serviços. O ciberterrorismo é a utilização da internet para organizar e executar ataques contra as redes de computadores, sistemas e infraestruturas críticas com objetivo de destruí-los ou incapacitá-los, por motivações ideológicas, causando caos na economia e incutindo o medo na população. E o cibercrime é a utilização da internet e de outras tecnologias de informações para roubo de dados sigilosos, como contas e senhas bancárias e realização de fraudes on-line. Uma característica comum dessas ameaças virtuais é de que são praticamente impossíveis de serem detectadas e dificilmente se sabe de quem teria partido ou quem teria patrocinado tais ações, pois muitas das pistas deixadas são na maioria das vezes desinformação.

Os ataques cibernéticos contra sistemas militares que resultam na perda de informações e dados estratégicos são exemplos que

Tecnologias, novas ameaças e ciberespionagem

já demonstram forte tendência de se transformarem na principal arma das guerras futuras, na categoria "superciberarmas". Desde o primeiro ataque virtual ocorrido na Estônia em 2003, com grandes prejuízos a sua economia, foi possível avaliar o grau de vulnerabilidade dos países decorrente da dependência crescente que as sociedades modernas possuem em sistemas interligados em diversas áreas. Ataques que, em pessoas físicas, ameaçam a propriedade intelectual, em empresas privadas representam prejuízos econômicos, com o roubo de senhas, projetos e outros dados, ações cada vez mais frequentes.

Essa conjuntura passou a exigir constantes reformulações da doutrina e da operacionalização da inteligência, com a implementação de áreas tecnológicas capazes de fazer frente aos novos desafios. No que se refere à contrainteligência, também deverá haver um redirecionamento de seus objetivos, posturas e princípios. Três pontos foram elencados como cruciais: a proteção de conhecimentos sensíveis contra ataques virtuais e ciberterrorismo, que ocorrem diariamente aos milhares em diferentes países por diferentes fontes; o vazamento ou comprometimento sistemático de assuntos confidenciais por parte de fontes oriundas da própria comunidade de inteligência,[2] o que acarreta grande vulnerabilidade da rede de agentes e colaboradores. Empresas privadas também passaram a fazer parte dos alvos potenciais com ataques de *hackers* e do cibercrime, fator que fomentou o surgimento de negócios bilionários com indústrias fabricantes de eletrônicos e venda de equipamentos de contrainteligência por empresas especializadas.

O terceiro fator de vulnerabilidade são as guerras virtuais, iniciadas neste século, que revolucionaram o modelo tradicional de conflitos em que as ações bélicas podem ser apenas mais uma opção. É a chamada "Guerra Limpa", por não acarretar danos estruturais, e torna o teatro de operações de espectro mais amplo, quebrando o monopólio antes exclusivo dos governos por meio das Forças Armadas e das agências de inteligência. Esse aspecto é de extrema importância, pois a democratização de certos conhecimentos elevou grupos e pessoas ao mesmo nível de capacidade tecnológica dos órgãos estatais, sem nenhum controle, propiciando interferências indesejadas. No momento, por sorte ou destino, essa participação é restrita especialmente ao acesso à documentação confidencial, ataques a sites governamentais e de empresas prestadoras de serviço com postagem de mensagens de caráter intimidatório. Uma espécie de guerrilha virtual contra diferentes países simultaneamente. Mas esse contexto deverá mudar com o surgimento de outros grupos de pirataria digital com tendências mais radicais, não apenas com o único propósito da luta pela liberdade de expressão e oposição a qualquer forma de censura digital, como o Anonymous.

E existem exemplos reais dessa capacidade. No início do último conflito israelo-palestino, em novembro de 2010, um grupo denominado Parastoo invadiu o sistema da Agência Internacional de Energia Atômica (AIEA) e roubou informações privadas que continham dados pessoais de contato de mais de cem cientistas que trabalham para a organização. Esses dados foram disponibilizados na internet em uma plataforma de *hackers*. O grupo exigia a inspeção do programa nuclear israelense e o fim dos ataques a cientistas iranianos. No mesmo episódio, o grupo Anonymous desencadeou uma operação de código OpIsrael na qual retiraram temporariamente do ar diversos sites como retaliação à informação de que as telecomunicações na Faixa de Gaza seriam interrompidas. E chegaram a editar um manual destinado aos palestinos com instruções alternativas para o seu restabelecimento. Outro grupo não identificado efetuou ataques contra o Ministério da Defesa israelense na tentativa de penetrar nos sistemas das baterias antimísseis da Cúpula de Ferro. Da mesma forma, o Ministério da Defesa da Suécia e diversos órgãos públicos, incluindo agências de notícias, também foram alvo de uma série de ataques por parte do Anonymous, em apoio a Julian Assange, fundador do WikiLeaks. Na Austrália, houve a tentativa de violação dos dados armazenados no site da Organização Australiana de Inteligência e Segurança (ASIO) e do Departamento de Defesa, sem, no entanto, ter comprometido informações sigilosas, segundo fonte daquele departamento.

O Japão confirmou em 2011 que havia sido vítima, em diversas oportunidades, de ataques com o vírus Cavalo de Troia, disseminado via e-mail com o objetivo de acessar arquivos do Ministério das Finanças após ameaças do grupo Anonymous contra a reativação de reatores nucleares na usina de Fukushima, depois dos vazamentos ocorridos em consequência do tsunami que assolou aquela região do país.

Os EUA e a Rússia também são exemplos dentre dezenas de casos de países que sofrem constantes ataques da guerrilha virtual. Essas ameaças levaram esses países a recrutarem *hackers* para auxiliarem no aperfeiçoamento de seus sistemas de segurança e defesa. Mas a cada passo dado na elaboração de novos códigos, outros tantos são violados, alimentando um círculo vicioso determinado pela tecnologia. Essa conjuntura fez com que especialistas considerassem as guerras virtuais mais danosas do que as convencionais. Dentro dessa ótica, inclui-se a guerrilha virtual, com a diferença de que não existe mais o caráter de assimetria que a caracterizou em décadas anteriores, o que a torna uma ameaça mais efetiva. Nessa guerra secreta, na qual também participam os serviços de inteligência, além de ataques a sites oficiais, incluem-se a suplantação de identidades em redes sociais, publicação de materiais por canais como YouTube, difusão de acusações e atrocidades, verdadeiras ou não, para criar um fato capaz de desestabilizar qualquer país.

Uma situação extremamente preocupante e de maior amplitude é a dependência crescente das infraestruturas urbanas interligadas por sistemas em redes, como o tráfego aéreo, de trens e metrôs, elétricos, bancários e de comunicações. Todos extremamente vulneráveis a um ataque cibernético com consequências caóticas, em especial para a população, como o descrito no apocalíptico filme *Duro de matar 4.0*, lançado em 2007.

Há uma década, essas ameaças globais seriam apenas ficção científica, mas na atualidade, o que Eugene Kaspersky, ex-funcionário do Ministério da Defesa da extinta URSS e um dos maiores especialistas em antivírus do mundo, chama de "Armageddon cibernético" é uma possibilidade bastante factível de ocorrer.[3]

Com relação à espionagem, esta sempre foi uma das principais ações da inteligência. Como preconizava Sun Tzu, "quem não é sábio ou esperto, humano e justo, não pode usar espiões. Quem não for dedicado e sutil não vai conseguir nenhuma informação deles".[4] A espionagem era, inicialmente, operacionalizada com a participação de agentes infiltrados ou pessoas recrutadas dentro do próprio serviço secreto, que roubavam documentos confidenciais e faziam relatos pormenorizados dos alvos por meio da observação – memorização e descrição. Por meio dela, eram transmitidas informações sobre o comportamento do inimigo, localização de instalações sensíveis, situação econômica do país, capacidade industrial e tendência dos governos na abordagem das mais variadas questões, proporcionando uma visão ampla da situação, o que permitiria ao detentor dessas informações apontar tendências e elaborar estimativas.

Durante a Segunda Guerra Mundial, a espionagem nazista realizada pela Abwehr, o serviço secreto da Alemanha, também se fez presente no Brasil, especialmente nos estados de São Paulo e Rio de Janeiro, por meio de agentes sob disfarce ou encobertos como funcionários de empresas alemãs instaladas em território brasileiro e entre a comunidade de imigrantes onde muitos eram simpatizantes do nacional-socialismo de Hitler. Os interesses alemães eram variados e focados em informações estratégicas, como as movimentações de navios de carga dos Aliados na costa e nos portos brasileiros, tendências do governo de Getúlio Vargas em relação aos países do Eixo, o posicionamento da imprensa sobre o conflito na Europa, as relações do Brasil com os EUA, a dimensão e estrutura das Forças Armadas e o estabelecimento de conexões com países neutros como o Uruguai e a Argentina.

Hitler chegou a estudar a possibilidade de reforçar o efetivo da Wehrmacht com a formação de um novo contingente composto por voluntários imigrantes da colônia germânica, especialmente no Rio Grande do Sul. Para esse monitoramento, a espionagem alemã montou diversas estações de rádio clandestinas por meio das quais eram transmitidas mensagens codificadas à sede da Abwehr, em Berlim. Com a desarticulação da rede alemã, foram identificados e presos diversos agentes, como

Albrecht Gustav Engels, Alfredo Josef Starziczny, Hermann Bohny, Otto Uebele e Christian Christensen – este último, utilizando passaporte dinamarquês falsificado, era o responsável pela maior rádio clandestina no Brasil à época.

Posteriormente, ao final da Segunda Guerra Mundial e início da Guerra Fria, agentes duplos trabalhavam no mesmo sistema de busca e coleta, porém, com equipamentos auxiliares, como microcâmeras e microgravadores, facilitando a cópia da documentação, o registro de diálogos de autoridades que detinham algum tipo de conhecimento estratégico ou mesmo fotografias de alvos importantes para satisfazer a demanda dos serviços secretos. Atualmente, a maioria dessas informações estão disponíveis na internet, incluindo fotografias e mapas da localização exata de algumas instalações, situação que levou os EUA a solicitarem ao Google Maps que indisponibilizasse alguns desses pontos, pois poderiam ser acessados facilmente por grupos terroristas.

Fato é que a espionagem constitui-se em uma atividade de extremo risco pessoal que nada tem em comum com o glamour criado por romancistas. Grande parte dos agentes foram apanhados, recebendo penas que variavam de prisão perpétua a execução, pois a ação de espionagem era considerada crime de traição contra a segurança do Estado em praticamente todos os países, e continua a ser. Casos tornaram-se famosos, conforme a extensão dos danos que causaram ou dos benefícios que trouxeram aos esforços da guerra secreta. Muitas redes foram desarticuladas com a entrega, ao inimigo, de listas que continham os nomes dos agentes que praticavam a espionagem nos países em que trabalhavam, alguns sob proteção diplomática, outros disfarçados como empresários e estudantes. Várias vezes, isso ocasionou suas expulsões do país e, dessa forma, muitas carreiras promissoras na inteligência encerraram-se precocemente. Segredos militares e industriais foram expostos, permitindo a ambos os lados aperfeiçoarem sua metodologia na construção de seus diferentes inventos.

Há quem diga que os documentos entregues pelo agente da KGB, Vladimir Vetrov,[5] codinome Farewell, ao serviço de contraespionagem francês (DST) teria acelerado o fim do Império Soviético. Isso porque, ciente das imensas dificuldades econômicas da URSS, o governo dos EUA teria elaborado um plano para forçá-la a investir recursos que não possuía, por meio de técnicas de contrapropaganda sobre o projeto Guerra nas Estrelas, uma ação de dissimulação, pois o programa nunca chegou a ser desenvolvido.

Mas, independentemente dos riscos, a espionagem não perdeu seus encantos, ao contrário, a cada dia ganha novos contornos. Seu produto final poderá significar ganhos incalculáveis com capacidade para consolidar ou alterar a configuração do poder e influência mundiais. E esse atrativo acaba levando a maioria das nações desenvolvidas a fomentar e investir em ações dessa natureza – mesmo que aparentemente neguem e condenem veementemente tal prática –, pois essas ações permitem acelerar um processo de pesquisa que levaria tempo e grandes investimentos.

Como vimos anteriormente, a inovação tecnológica trouxe diferentes atores para a atividade de inteligência, muitos não estatais, e inaugurou uma nova modalidade de guerra secreta, a espionagem cibernética. A despeito dos grandes sucessos do passado, a espionagem de fontes humanas tende a tornar-se história, pois é gradativamente substituída por satélites de imagens, plataformas de monitoramento de sinais e comunicações e aviões não tripulados, todos sistemas de alta precisão, capazes de disponibilizar informações imediatas sem nenhum potencial de risco além da perda do equipamento.

A era digital, marca do século XXI, contribuiu com outro componente imbatível para a atividade: o desenvolvimento de vírus informáticos, que são a nova geração de espiões cibernéticos. Esse cenário exige da segurança digital uma evolução constante no sentido de sofisticação para fazer frente às crescentes vulnerabilidades da rede mundial, incluindo disponibilizar maior tecnologia aos agentes dos órgãos da contrainteligência para detectá-los.

O uso de vírus cibernéticos como ferramenta de ciberespionagem vem crescendo no exterior e a cada dia surgem milhares de novos *spyware*. Pela alta complexidade de alguns desses supervírus, ainda não foi possível avaliar a real extensão dos danos causados por eles, o que pode demandar anos. Mas assim como os prejuízos, os ganhos também podem ser incalculáveis.

Seguindo essa tendência, milhares de entidades modulares têm sido desenvolvidas especificamente para essa finalidade e isso tem valido cada centavo do investimento aplicado. Surgiram no mundo todo diversos programas, alguns destes com dispositivos ocultos acessados sem o conhecimento do usuário, outros dissimulados em arquivos simples do Windows, mas que na verdade são programas espiões, difíceis de se detectar até pela aplicação da tecnologia da informação. As redes sociais oferecem grandes facilidades para a instalação de vírus espiões, pois os programas muitas vezes podem vir revestidos apenas como "Curtir isto ou Não curtir", um exemplo que ocorreu no Facebook. E muitas das empresas provedoras da internet, produtoras ou fornecedoras de software, possuem ligações com órgãos de inteligência e podem passar informações e dados variados a esses órgãos quando solicitados, mesmo que a legislação proteja a privacidade dos dados e comunicações.

Em 2009, o Laboratório Kaspersky, considerado a maior empresa de antivírus do mundo, descobriu o vírus Stuxnel ou Flame, criado pelos EUA e direcionado a espionar e neutralizar sistemas que continham informações confidenciais sobre o programa nuclear iraniano. Por meio desses vírus, foi identificada uma lista dos principais cientistas que trabalhavam no programa. Alguns deles foram assassinados em circunstâncias misteriosas.

Em 2012, o mesmo laboratório identificou um novo supervírus de codinome Madi, provavelmente de origem iraniana, que tem por objetivo espionar organizações financeiras, de infraestrutura e autoridades governamentais. A diferença básica entre esses dois vírus é que enquanto o primeiro captura dados e tem a capacidade de destruir sistemas, o segundo apenas copia as informações, transferindo-as para uma plataforma central, independentemente de qualquer proteção. Outro código malicioso de codinome Duqu que circulou também em 2012 demonstrou claramente capacidade para monitorar mensagens e buscar informações, incluindo o projeto de sistemas chamado SCADA (para "controle de supervisão e aquisição de dados"). Esses sistemas de computação são utilizados em plantas de indústrias civis, em especial de produtos químicos, e militares em geral, além de centrais elétricas. Podem monitorar e controlar equipamentos como bombas hidráulicas, válvulas e outros dispositivos.

Em 2013, foi divulgada a descoberta de uma extensa rede de ciberespionagem mundial com o nome código de Outubro Vermelho. Trata-se da maior rede de espionagem já descoberta. O vírus é composto por 34 módulos com diversas combinações, possuindo capacidade de penetrar no sistema operacional Windows Mobile, contaminando celulares, capturando informações de SMS, e-mails e contatos, além de recuperar documentos que foram acessados em *drives* USB e arquivos criptografados. Além disso, propicia a transferência de arquivos e acesso ao histórico de navegação dos internautas, registrando, inclusive, quais as teclas que foram digitadas fotografando a tela do computador dos alvos.

A rede roubava informações comerciais, diplomáticas e geoestratégicas há pelo menos cinco anos, sendo que uma parte dessas ações estava voltada ao ramo do petróleo e do gás. Isso indica que os clientes que compravam essas informações poderiam ser tanto grandes empresas como diversas estruturas governamentais. No software utilizado pelos espiões é visível a pegada chinesa, mas a maior parte dos indícios leva a crer que os autores dessa rede possam ser russos, pois são utilizadas expressões características desses programadores.

A China é apontada hoje como o país que mais pratica a ciberespionagem, tanto para órgãos governamentais e empresas de potências estrangeiras como contra a sua população. Um caso famoso foi a invasão do Google com o objetivo de espionagem no Gmail, buscando dados e conexões de ativistas chineses e seus colaboradores no país e no estrangeiro. Os ciberataques chineses que, ao que tudo indica, partem de agências governamentais, têm se concentrado em alvos especiais como as tecnologias aeroespaciais, instituições financeiras, sistemas de comando eletrônico, energético e controle de tráfego aéreo.

Lamentavelmente, a espionagem digital tornou-se uma espécie de modismo que extrapolou as fronteiras do campo estratégico para penetrar no cotidiano das individualidades de forma indistinta. Basta que se esteja conectado ou seja usuário das redes sociais para fazer parte das estatísticas de vulnerabilidade, desmistificando a outrora privacidade inviolável das informações. Essa prática específica não parte apenas de governos, mas, especialmente, de outras pessoas, grupos ou empresas com os mais diversos objetivos, que vão desde a montagem de perfis para venda de produtos até a simples destruição de sistemas para testar a própria engenhosidade de seus protagonistas, estendendo-se a criminalidade, com o roubo de senhas bancárias e dados pessoais para futuros golpes, incluindo sequestros. Experimente acessar por determinado período alguns sites na internet de seu interesse comercial e você passará a receber propaganda deles. Isto é uma forma de espionagem.

Há quem apregoe que o espaço digital tornou-se a maior ferramenta para a ciberespionagem e vigilância em nível planetário, especialmente de parte de governos de nações desenvolvidas ou em fase de desenvolvimento, com a cooperação de empresas privadas. A maioria das vezes, o motivo é atribuído à segurança nacional, por ameaças contra ações do terrorismo extremista, de ativistas cibernéticos, do crime organizado, dentre outros.

Nesse universo, o Brasil ocupa a primeira posição na América Latina na produção dos chamados códigos maliciosos, e a quinta colocação no *ranking* mundial. Em 2003, o repórter do jornal *The New York Times*, Tony Smith, escreveu uma matéria intitulada "Brazil becomes a cybercrime lab",[6] em que afirma que de todos os *spams* que circulam na web, 6% eram originados no Brasil. Um ano depois, reiterando as conclusões de Smith, fontes da Polícia Federal divulgaram que a cada dez *hackers* existentes no mundo, oito eram brasileiros.

Em 2010, ocorreu o maior ciberataque da história brasileira, dirigido a sites governamentais e de empresas, patrocinado por grupos de pirataria digital internacionais. O fatal ErrorCrew assumiu a violação do site do Exército, divulgando dados de militares no Twitter. Posteriormente, foi a vez de a presidência da República, ter um dos seus sites violado pelo LulzSecBrasil, seguidos de ações contra a Petrobras e o Instituto Brasileiro de Geografia e Estatística (IBGE).

Após esses episódios, o país se deu conta da necessidade de proteção contra os ataques virtuais, perpetuados por *hackers* e grupos ligados à pirataria digital, além de governos com diferentes interesses econômicos e tecnológicos, situação que vem crescendo geometricamente. O primeiro grande passo foi dado com a entrada em vigor da Lei de Crimes Cibernéticos em 2013, que tipifica e estabelece sanções para diversas ações, agora consideradas delituosas, como aquelas envolvendo furto de informações pessoais armazenadas em computadores e material que contenha informações e dados de caráter confidencial, de natureza privada ou comercial. Entre os dispositivos da nova lei 12.737/2012, há previsão de penas para quem invadir sistema informático alheio, com o fim de obter, adulterar ou destruir dados ou informações sem autorização expressa, ou ainda, para quem produzir, oferecer ou vender programas que permitam a invasão de sistemas e computadores alheios. Para os casos de interrupção de serviços, como os ocorridos em 2010, os responsáveis estarão sujeitos a penas que variam de um a três anos de prisão.

Anteriormente, os crimes cibernéticos praticados no Brasil eram tratados pela Justiça por analogia a crimes de violação das comunicações e correspondência, o que propiciava dúbias interpretações e dificultava as condenações. Mas, embora o avanço legal seja um passo importante para a proteção digital, esta não poderá ser alcançada apenas com uma legislação. Será necessário um fomento a centros de pesquisa cibernética e aperfeiçoamento de currículos em universidades que possuem formação em tecnologia da informação, agregando essa tecnologia a recursos humanos capacitados para criar mecanismos preventivos, detectar e neutralizar estas ações. Esse é, basicamente, o grande desafio para o governo federal, pois em um cenário competitivo como o que vivemos – onde os exemplos de ciberespionagem praticada por governos têm se multiplicado – é temerário ficarmos dependentes de tecnologia externa. Nessa perspectiva, países como a China, os EUA, a Rússia, a Inglaterra e a França desenvolvem seus próprios softwares, especialmente os ligados a segurança e defesa.

O paradoxal de toda esta conjuntura é o fato de que, embora os novos espiões cibernéticos tenham uma perspectiva extraordinária em crescimento e aplicabilidade, são desenvolvidos por fontes humanas e, neste sentido, as motivações para a espionagem permanecem as mesmas desde que se espiou pela primeira vez, conforme o relato bíblico apresentado no início desta obra. Relembramos os estudos de G. Fregapani, que sintetiza na palavra DICA o que move alguém para o ato de espionar: "Dinheiro, Idealismo, Chantagem e Aventura." E qualquer desses motivos é potencialmente uma ameaça.

Podemos até traçar um paralelo de semelhanças entre o obscuro mundo da tecnologia digital e o obscuro mundo da espionagem. Ambos ocorrem nas sombras, de forma silenciosa, com múltiplos atores e, quando detectados, na maioria das vezes, já causaram prejuízos irreparáveis. E a grande ameaça em relação a essas tecnologias, o pior dos cenários possível, é o fato de que esses vírus, acionados na guerra cibernética, podem alterar o funcionamento dos serviços básicos às populações em qualquer parte do mundo, de forma indiscriminada e imprevisível, assim como suas consequências posteriores. A mesma hipótese pode ser usada quanto às instalações nucleares e bases de mísseis, desencadeando uma guerra de proporções inimagináveis (vide o caso de Stanislav Petrov, citado no capítulo "A corrida armamentista: as armas de destruição em massa").

Sem sombra de dúvida, em nenhum período da história da raça humana estivemos tão vulneráveis como agora, lidando com inimigos desconhecidos, que possuem as mais diversas intenções, e sem que possamos identificá-los e neutralizá-los a tempo de impedir ciberataques.

Essa conjuntura é uma tendência que se apresenta irreversível e que deverá balizar os conflitos e guerras do século XXI numa demonstração inequívoca de que as tecnologias possuem também seu lado sinistro, seguindo o exemplo da energia nuclear e dos componentes químicos que já deixaram milhões de vítimas.

Notas

1. Expressão utilizada pelo ministro de Assuntos Exteriores do Reino Unido, Jack Straw, durante discurso na Assembleia Geral das Nações Unidas em 2002. São definidos como Estados que não possuem condições de manter sua ordem institucional, onde as instituições políticas desapareceram e a violência de grupos é ilimitada. É o caso da Somália, Sudão, Serra Leoa e Congo.
2. Além dos 91 mil documentos confidenciais sobre o Afeganistão vazados para o site WikiLeaks, mais recentemente está sendo apurado como uma diretora de cinema de Hollywood conseguiu ter acesso a informações privilegiadas sobre a operação de caçada ao terrorista Osama bin Laden, que resultou em sua morte no Paquistão em 2011. Da mesma forma, diversos documentos, como os relatórios internos e correspondências supostamente pertencentes ao papa Bento XVI com classificação sigilosa, vazaram para fontes externas ao Vaticano causando desconforto na Itália e entre autoridades citadas, inclusive estrangeiras. Os documentos deram origem ao livro *Sua Santidade: as cartas secretas de Bento XVI*, escrito por Gianluigi Nuzzi.
3. *Folha de S.Paulo*, 29 jul. 2012. Disponível em: <http://www1.folha.uol.com.br/fsp/ilustrissima/57291-guerra-ciberespacial.shtml>. Acesso em: 3 jul. 2013.
4. André da Silva Bueno, *A arte da guerra: os treze capítulos originais*, Sun Tzu, São Paulo, Jardim dos Livros, 2011, p. 124.
5. Vetrov, tenente-coronel da KGB, foi condenado e fuzilado por traição, na URSS, em 1983. Até hoje a qualidade dos documentos entregues por ele é ainda objeto de análise de parte dos Serviços Secretos do Ocidente. As informações de alta relevância expuseram também o funcionamento da máquina de espionagem soviética e seus métodos, durante a Guerra Fria. Embora detalhes sobre o caso sejam considerados de natureza confidencial para os russos, existe um filme e duas obras sobre a história deste que é considerado o maior triunfo da inteligência francesa.
6. Disponível em: <http://www.nytimes.com/2003/10/27/business/technology-brazil-becomes-a-cybercrime-lab.html>. Acesso em: 26 jun. 2013.

Perspectivas para a atividade de inteligência no século XXI

Como vimos ao longo desta obra, a guerra secreta desempenhou diversos papéis ao longo da história, em conflitos em que fundamentos como a ética e a moral, a maioria das vezes, não são observados. As disputas ocorrem invariavelmente em um ambiente de intrigas, traições, conspirações, negações e atitudes nada apresentáveis ao grande público. E o paradoxal é que sempre estiveram presentes em praticamente todos os tempos e ainda convivemos com elas.

Neste século, mais que em qualquer outro período, a guerra secreta é travada pelas agências de inteligência, órgãos de inteligência militar e atores não estatais, se intensificando a cada dia à medida que vão surgindo novos interesses estratégicos e econômicos no cenário internacional. Os riscos e agressões internas e externas capazes de interferir nos interesses de Estado e na segurança da sociedade estão se tornando complexos. Nesse contexto, as atividades destinadas a detectar e prever as ameaças são cada vez mais exigidas, como as operações de inteligência, espionagem, técnicas de propaganda, contrapropaganda e contrainteligência, instrumentos que estão sendo incrementados em todos os países.

Trata-se de um processo que vem evoluindo a cada nova ameaça ou conflito, pois o grau avançado de desenvolvimento tecnológico atingido pela humanidade assim determina, com a descoberta e o aprimoramento de técnicas conforme as necessidades enfrentadas no teatro de operações de guerra, nas relações diplomáticas entre nações amigas, inimigas ou neutras, e até no cotidiano das pessoas em suas tarefas mais simples. Essas novas ameaças globais e os atores não estatais advindos da era digital exigem necessariamente uma especialização técnica cada vez maior dos operadores de inteligência, além de investimentos tecnológicos em uma luta constante para manter-se um equilíbrio de forças, objetivando a obtenção de resultados satisfatórios.

A experiência adquirida em episódios do passado, alguns catastróficos, resultou em uma busca por maior efetividade e em um profundo processo de transformação dos órgãos e agências que criam inteligência, para atender às demandas que surgem muitas vezes de forma inesperada, tornando-se maior o desafio para a atividade. Esse processo de transformação e de reengenharia ainda está se desenvolvendo na maioria dos serviços de inteligência, de forma lenta e gradual, pois envolve a quebra de paradigmas presentes desde a criação desses órgãos, a grande maioria, na era pós-Segunda Guerra Mundial.

No que se refere à doutrina, esta permanece praticamente a mesma, especialmente na coleta, busca e análise de dados e nos métodos utilizados para a produção do conhecimento. O grande diferencial recai no preparo técnico-profissional, na mudança de mentalidade do pessoal (agentes de campo, analistas e gestores) e no aporte de tecnologias que objetivam a redução de riscos e aumentam consideravelmente o grau de certeza sobre determinados fenômenos ou situações em estudo. O caráter pontual dessas tecnologias é fundamental, fornecendo ao analista uma variedade de dados que possibilitam um quadro mais próximo da realidade e, consequentemente, melhor qualidade do conhecimento produzido, tanto na esfera tática como estratégica.

Uma questão importante é o abandono da "visão secretista" que caracterizou a atividade durante décadas. Com a diversidade de fontes e modos de acesso, grande parte das informações deixaram de ter natureza secreta. Um exemplo claro está na inteligência de fontes abertas ou OSINT (Open Source Intelligence), que trabalha com 80% da coleta na web e em redes sociais. O conhecimento produzido a partir dessas fontes é que poderá receber alguma classificação ou grau de sigilo. Essa visão já ultrapassada, aliada à grande dificuldade em compartilhar dados e informações, acaba dificultando o redirecionamento do processo de análise para outros órgãos congêneres da esfera governamental e uma melhor integração e colaboração entre estes, cujo maior exemplo são os episódios do 11 de Setembro.

Paralelamente, desenvolve-se também um vício doutrinário que acompanha a atividade por décadas. A obtenção de dados sobre a capacidade de um inimigo ou alvo possui maior prioridade do que suas intenções. Uma avaliação que se mostrou um equívoco em diversas oportunidades, sendo a causa de muitos fracassos. Em alguns casos mais simples, os dados estão expostos para quem desejar em páginas e sites da web e nas redes sociais. É por meio de uma análise criteriosa e sistemática aliada a um conhecimento profundo do assunto, que poderá se determinar quais as reais intenções dentre os diversos temas avaliados.

Por todas as situações expostas, especialmente no que se refere aos fracassos, existe uma corrente que questiona a importância dos serviços secretos e os recursos dispendiosos destinados a eles, retirados dos cofres públicos. Nossa avaliação sobre essa constatação baseia-se no fato de que os fracassos não podem ser atribuídos somente aos serviços secretos, enquanto se constituem apenas em uma das ferramentas do intrincado processo decisório. Como afirmou certa vez Markus Wolf:[1] "A eficácia de um Serviço de Inteligência depende muito mais daqueles que recebem suas Informações, prestando atenção a elas, especialmente quando contradizem suas opiniões."

E também é natural que surjam polêmicas e inseguranças de parte de diferentes segmentos sociais, como a que defende a tese da possibilidade de os serviços de inteligência serem aquinhoados pelos governos, com um poder desmedido que poderá acarretar em cerceamento de liberdades com a redução dos direitos e garantias individuais, como foi descrito na obra de George Orwell, *1984*. Aliás, um cenário de ficção escrito na década de 1940 e ambientado no final da segunda metade do século passado, mas que se aproxima muito de nossa realidade atual.

Nesse caso, o problema não é a atividade em si, mas a forma como ela poderá ser conduzida e a eficiência apresentada por seus órgãos de controle externo, pois torna-se difícil avaliar um sistema de inteligência, especialmente quando este faz parte da

Perspectivas para a atividade de inteligência no século XXI

grande estratégia das nações para a consecução de suas mais veladas intenções e dos mais dissimulados objetivos.

Pelo que observamos, em um cenário mundial de constantes turbulências, com ações e intenções cada vez mais intensificadas somadas a ameaças como a ciberguerra, o terrorismo nuclear, as proliferação de armas químicas e biológicas e as grandes vulnerabilidades das chamadas infraestruturas críticas, a atividade se apresenta sob nova perspectiva, ratificando o pensamento dos comandantes e estrategistas chineses da Antiguidade.

Acredito que a inteligência passe ainda por um período de grandes transformações, ao agregar sistemas de tecnologia da informação, de espaço e a inteligência artificial, fator que lhe proporcionará maiores condições de atuar na defesa dos interesses do Estado e de suas sociedades. A atividade já vem recebendo o reconhecimento no sentido de se constituir em uma ferramenta vital em praticamente todas as expressões do poder nacional, notadamente nos campos militar, econômico e da ciência e tecnologia, com reflexos diretos na política internacional.

Em face das crescentes ameaças, a percepção corrente é a de que o desenvolvimento, o progresso e até a sobrevivência de qualquer sociedade passam necessariamente por um assessoramento eficiente ao processo decisório em todas as esferas governamentais, em assuntos sensíveis que envolvam questões amplas e complexas como segurança, defesa e soberania. E nesse modelo, somente a inteligência pode oferecer auxílio, agregando qualidade ao planejamento das altas esferas governamentais, desde que não seja manipulada por outros interesses que não os de Estado. Obviamente que, conforme o grau de corrupção e de infiltração de atores comprometidos com outros objetivos não governamentais, haverá maior ou menor atenção para as necessidades do sistema.

John Huizenga, que foi diretor da CIA em 1971, afirmou em suas memórias que "uma análise de inteligência poderia ajudar o lado político a reexaminar premissas, a criar políticas mais sofisticadas, mais próximas da realidade do mundo...",[2] e esta é, sem dúvida, a tarefa principal da atividade.

A realidade é que o mundo está enfrentando mudanças em uma velocidade espantosa e o fato de possuirmos grandes Forças Armadas ou eficientes órgãos policiais não garante mais, exclusivamente, nossa segurança como ocorria em um passado relativamente recente. O inimigo atual está oculto, muitas vezes, a milhares de quilômetros de distância, com acesso a armas cibernéticas tão letais como as convencionais. Os ataques são realizados de forma silenciosa e dissimulada, percebidos apenas quando os danos já estão materializados. Combater tais atividades, como vimos ao longo deste livro, não é tarefa fácil e, em muitas circunstâncias, torna-se impossível sabermos de onde partiram.

O certo é que, independentemente de posicionamentos favoráveis ou contrários, os assuntos afetos à inteligência sempre despertarão um fascínio nas sociedades, motivado por romances, filmes de ficção e, sobretudo, pelo grau de sigilo atribuído ao seu conteúdo, o que desperta naturalmente a curiosidade. Mas também por uma necessidade nata que acompanha a raça humana desde os primórdios de seu aparecimento na Terra, que é a de desvendar o desconhecido, compreender o que está oculto, buscar respostas a seus questionamentos, medos e angústias, fomentando a crença nas mais incríveis teorias conspiratórias.

Perspectivas para a atividade de inteligência no século XXI

A grande lição que a História nos traz a respeito da atividade é a de que desde a Pré-história até nossos dias, ela permanece cada vez mais consolidada como uma ferramenta indispensável à sobrevivência das sociedades num mundo que sempre foi altamente competitivo e que, a cada dia, apresenta novos riscos e ameaças muito mais complexas.

Nessa conjuntura, a guerra secreta foi e continuará sendo um instrumento político tanto nas mãos de governantes como de outras organizações em um processo irreversível como é o da tecnologia. E, à medida que vão sendo descobertos novos inventos, mais ela se intensifica em uma competição tecnológica interminável. Muitos analistas e historiadores baseados em fatos concretos defendem a tese de que a chamada Guerra Fria nunca terminou de fato. O que ocorreu foi um curto período de adaptações em que diminuíram as hostilidades e disputas aparentes entre seus protagonistas. Atualmente, com a participação de novos atores, ela persiste, com o emprego de novas técnicas de dissimulação apoiadas pelo desenvolvimento tecnológico.

Sob essa perspectiva, conhecer o que é negado ou informações secretas das diferentes nações não se constitui em apenas mais uma alternativa, torna-se uma real necessidade.

NOTAS

[1] *O homem sem rosto*, Rio de Janeiro, Record, 1997, p. 143. Considerado um dos maiores mestres da espionagem da era comunista, Markus Wolf foi chefe do departamento de informações externas conhecido como Hauptverwaltung Aufklärung (HVA), órgão da Stasi por 33 anos, de 1951 a 1984. *O homem sem rosto*, sua autobiografia, é uma das principais obras sobre os serviços secretos.

[2] Tim Weiner, *Legado das cinzas*, 2008, p. 392.

Bibliografia

Assange, Julian. *Cypherpunks, liberdade e o futuro da internet*. Trad. Cristina Yamagami. São Paulo: Boitempo, 2013.

Bandeira, Luis Alberto Moniz. *Formação do Império americano*: da guerra contra a Espanha à guerra contra o Iraque. 3. ed. rev. e atual. Rio de Janeiro: Civilização Brasileira, 2009.

Baquero-Garcia, Maria Gracia. Servicios de inteligencia militares. *Revista Atenea, Seguridad y Defensa*. Madrid, i2v, S.L., ano II, n. 11, 2009.

Barron, John. A desinformação e a opinião pública. *Revista Coletânea*. Brasília/DF, ano I, n. 5, 1977. (Publicação interna da Escola Nacional de Informações – EsNI)

Bearden, Milt; Risen, James. *O grande inimigo*: a história secreta do confronto final entre CIA e KGB. Trad. S. Duarte. Rio de Janeiro: Objetiva, 2005.

Bento, Cláudio Moreira. *Caxias e a unidade nacional*. Porto Alegre: Gênesis, 2003.

Bittman, Ladislav. *The KGB and Soviet Disinformation*: an Insider's View. Washington: Pergamon-Brasseys, 1985.

Calderón, Javier. Los servicios de inteligencia. *Revista Atenea, Seguridad y Defensa*. Madrid, ano II, n. 10, 2009.

Castells, Manuel. *A sociedade em rede*. 2. ed. São Paulo: Paz e Terra, 1999, v. 1.

Castro, Luis. *Repórter de guerra*. Lisboa: Oficina do Livro, 2007.

Caterina, Garcia; Angel, J. Rodrigo. *La seguridad comprometida*. Madrid: Editorial Tecnos (Grupo Anaya), 2008.

Clauser, Jerome K.; Weir, Sandra M. *Intelligence Research Methodology*. Washington, DC: Defense Intelligence School, 1975.

Cunha Wagner (org.). *O Tao da guerra*: os fragmentos perdidos da dinastia Zhao. Trad. Marie-Louise de Resende Koessler e Neida Junqueira de Matos. São Paulo: Saraiva, 2010.

Drogin, Bob. *Curveball*: espionagem, intrigas e as informações que provocaram a guerra. Trad. Ricardo Gozzi. Ribeirão Preto: Novo Conceito, 2008.

Guerra nas sombras

ESNI. *A análise da propaganda na atividade de Informações*. Brasília, 1978. (Publicação interna da Escola Nacional de Informações – EsNI)

FALIGOT, Roger. *O serviço secreto chinês*. Trad. Carolina Massuia de Paula. São Paulo: Larousse do Brasil, 2010.

FARAGO, Ladislau. *O mundo da espionagem*. Trad. Almira Guimarães. Rio de Janeiro: Distribuidora Nacional de Livros, 1966.

FERNANDEZ, Antonio M. Diaz. 2001-2011, la transformacion de la inteligência. *Revista Política Exterior*. Madrid, Estudios de Politica Exterior, v. XXV, n. 143, 2011.

FISK, Robert. *A grande guerra pela civilização*: a conquista do Oriente Médio. Trad. Sandra Martha Dolinsky. São Paulo: Planeta do Brasil, 2007.

FOSKETT, A. C. *A abordagem temática da informação*. Brasília: Editora UnB, 1973.

FREGAPANI, Gélio. *Segredos da espionagem*. Brasília: Thesaurus, 2001.

HENRY, Basil; HART, Liddell. *As grandes guerras da história*. 3. ed. Trad. Aydano Arruda. São Paulo: Ibrasa, 1982.

HILTON, Stanley E. *Suástica sobre o Brasil*: a história da espionagem alemã no Brasil. Rio de Janeiro: Civilização Brasileira, 1977.

KEEGAN, John. *A batalha e a história*. Trad. Luiz Carlos Carneiro de Paula. Rio de Janeiro: Bibliex, 2006.

_____. *Inteligência na guerra*: conhecimento do inimigo, de Napoleão a Al Qaeda. Trad. S. Duarte. São Paulo: Companhia das Letras, 2006.

KENT, Sherman. *Informações estratégicas*. Trad. Hélio Freire. Rio de Janeiro: Bibliex, 1967.

KHAN, Mashvish Rukhsana. *Diário de Guantânamo*: os detentos e as histórias que eles me contaram. Trad. Constantino K. Korovaeff. São Paulo: Larousse do Brasil, 2008.

KOSTINE, Serguei; RAYNAUD, Eric. *Adeus, Farewell*. Trad. André Telles. Rio de Janeiro: Record, 2011.

MEARSHEIMER, John J. *Por que os líderes mentem*: toda a verdade sobre as mentiras na política internacional. Trad. Alexandre Werneck. Rio de Janeiro: Zahar, 2012.

OLIVEIRA, Cezar Tupinambá. Metodologia básica para a produção do conhecimento. *Revista Coletânea L*. Brasília, n. 55, mar./maio 1985, pp. 16-24. (Publicação interna da Escola Nacional de Informações – EsNI-SNI)

OLIVEIRA, Lúcio Sérgio Porto. *A história da atividade de inteligência no Brasil*. Brasília: Abin, 1999.

PATERSON, Michael. *Decifradores de códigos*: a história e os relatos dos heróis secretos da Segunda Guerra Mundial. Trad. Elvira Serapicos. São Paulo: Larousse do Brasil, 2009.

PLATT, Washington. *Produção de informações estratégicas*. Rio de Janeiro: Bibliex, 1974.

POECK, João Alfredo. Informações e propaganda. *Revista Coletânea L*. Brasília, ano II, n. 16, 1978.

RICHTER, Walter E. O futuro das operações militares. *Revista Military Review*, Fort Leavenwork, Kansas, maio/jun. 2009.

SEGURIDAD Y DEFENSA. *Revista Atenea*. Madrid, i2v, S.L., ano II, n. 12, dez. 2009.

SHENON, Philip. *A comissão*: a história sem censura da investigação do 11 de Setembro. Trad. Constantino K. Korovaeff. São Paulo: Larousse do Brasil, 2008.

SUN TZU. *A arte da guerra*. Trad. Werner Schwanfelder. Rio de Janeiro: Vozes, 2011.

TURNER, Stansfields. *Queime antes de ler*. Trad. Bruno Casotti. Rio de Janeiro: Record, 2008.

TUTUNJI, Valdi Lopes. Guerra biológica: uma revisão. *Revista Universitas Ciências da Saúde*, Brasília, v. 1, n. 1, 2003, pp. 105-139.

WEINER, Tim. *Legado das cinzas*: uma história da CIA. Trad. Bruno Casotti. Rio de Janeiro: Record, 2008.

WOODWARD, Bob. *O homem secreto*: a história do Garganta Profunda de Watergate. Rio de Janeiro: Rocco, 2005.

O autor

André Luís Woloszyn é analista de Assuntos Estratégicos, consultor de agências e organizações internacionais em conflitos de média e baixa intensidade. Fez o Curso Superior de Inteligência Estratégica, da Escola Superior de Guerra, e pós-graduação *lato sensu* em Ciências Penais. Além de livros, possui dezenas de artigos publicados em sites e revistas especializadas nacionais e estrangeiras e é articulista colaborador em importantes veículos da imprensa brasileira. Atuou como analista na Secretaria de Assuntos Estratégicos da Presidência da República (SAE).